W0334479

UHLAND

von A bis Z

Ludwig Uhland im Alter von 30 Jahren.
Ölgemälde von Gottlob Wilhelm Morff (1818).

Karin de la Roi-Frey

UHLAND *von A bis Z*

DRW-Verlag

Bildnachweis

Landesbildstelle Württemberg S. 35, 59, 68
Schiller-Nationalmuseum S. 2, 8, 8, 20, 27, 43, 46, 49, 53, 101, 113, 121
Uhlands Briefwechsel, hrsg. von Julius Hartmann, Teil 1, Stuttgart/Berlin 1911. S. 91
Zeitschrift 'Über Land und Meer', 5. Jg., Nr. 10 vom Dezember 1862. S. 89

ISBN 3-87181-407-5

© 1998 by DRW-Verlag Weinbrenner GmbH & Co., Leinfelden-Echterdingen

Das Werk einschließlich aller seiner Teile ist urheberrechtlich geschützt. Jede Verwertung außerhalb der engen Grenzen des Urheberrechtsgesetzes (auch Fotokopien, Mikroverfilmung und Übersetzung) ist ohne Zustimmung des Verlages unzulässig und strafbar. Dies gilt auch ausdrücklich für die Einspeicherung und Verarbeitung in elektronischen Systemen jeder Art und von jedem Betreiber.

Abbildungen auf dem Einband:
Scherenschnitt von Luise Duttenhofer (1817),
Vorlage: Schiller-Nationalmuseum;
Porträt Ludwig Uhland,
Vorlage: Württembergische Landesbibliothek Stuttgart;
im Hintergrund Uhlands Haus in Tübingen,
Abbildung aus der Zeitschrift „Über Land und Meer“,
5. Jg., Nr. 10 vom Dezember 1862.

Gesamtherstellung:
Karl Weinbrenner & Söhne GmbH & Co.,
Leinfelden-Echterdingen

Bestellnummer: 407

Einleitung

Ein Jahr nach dem Tod Friedrichs II. von Preussen kommt er in Tübingen zur Welt (1787), ein Jahr vor der Geburt des Autobauers Henry Ford stirbt er dort (1862). Während der 75 Lebensjahre Ludwig Uhlands erleben Europa und Deutschland neben geistigen und politischen Umwälzungen auch die Wende zum industriellen Zeitalter. Ist in Uhlands Jugend das Reisen zu Fuß noch eine Selbstverständlichkeit, so verfügt Deutschland am Ende seines Lebens bereits über ein Eisenbahnnetz, das alle großen Städte miteinander verbindet. Der kleine Louis aus der Tübinger Hafengasse, der seine Freizeit am liebsten „mit den Kameraden sich herumtummelnd oder den Schmetterlingen nachjagend" verbrachte, steigt in diesen Jahren vom talentierten Schüler im Fach Poesie zu dem bekanntesten Dichter des 19. Jahrhunderts neben Goethe und Schiller auf. Er erlebt die revolutionsbegeisterten Tübinger Studenten von 1789 und gehört am Ende seines Lebens zu den demokratischen Volksvertretern in der Frankfurter Paulskirche.

136 Jahre nach seinem Tod ist Ludwig Uhland als Forscher, Dichter und Politiker in der Literatur aufgearbeitet. „Uhland von A bis Z" stellt nun erstmals den privaten Menschen in den Mittelpunkt und erzählt sein Leben unter verschiedenen Stichworten. So entsteht keine lückenlose Biographie, sondern ein Mosaik, dessen Einzelteile ein neues, bisher unbekanntes Bild von Ludwig Uhland entwerfen.

Diese Biographie ist auch eine Kulturgeschichtsschreibung, und so werden die Blicke auf Ludwig Uhlands Leben zu zeitgeschichtlichen Medaillons. Das vorhandene Material aus Uhlands Nachlaß wurde dabei so bearbeitet, daß auf dem schmalen Weg zwischen zu viel Nähe und zu großer Distanz ein Bild entstehen konnte, das ihn als öffentliche Persönlichkeit und privaten Menschen zeigt. „In Stuttgart ward flüchtig die Bekanntschaft Uhlands gemacht", schreibt Henriette Herz in ihren Lebenserinnerungen. Das vorliegende Buch lädt dazu ein, in nähere Bekanntschaft mit einem Menschen zu treten, den Zeitgenossen als „unbeschreibliche Persönlichkeit" bezeichneten und den ein Gratulant zu seinem 200. Geburtstag einen „unvergleichbaren Menschen" nannte.

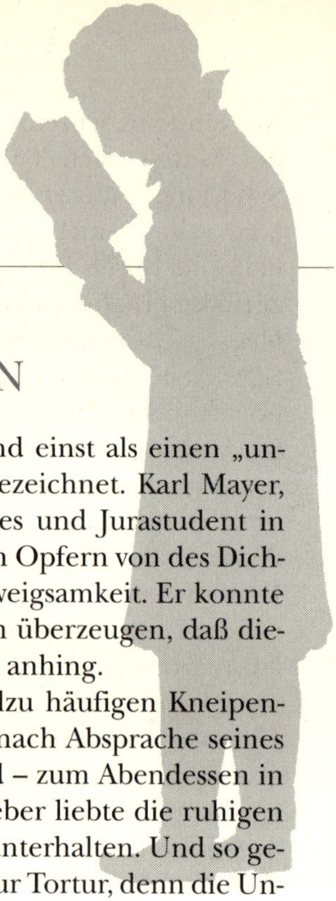

A

Abendessen

Ein Landsmann und Kollege hatte Uhland einst als einen „unbarmherzig stummen Holzbirnenkopf“ bezeichnet. Karl Mayer, Sohn des gleichnamigen Uhland-Freundes und Jurastudent in Tübingen, gehörte als junger Mann zu den Opfern von des Dichters unglaublicher, schon legendärer Schweigsamkeit. Er konnte sich an drei Abenden in der Woche davon überzeugen, daß dieses Etikett keineswegs dem falschen Mann anhing.

Um den jungen Studenten Mayer von allzu häufigen Kneipenbesuchen abzuhalten, hatte dieser sich – nach Absprache seines in Heilbronn lebenden Vaters mit Uhland – zum Abendessen in der Gartenstraße einzufinden. Der Gastgeber liebte die ruhigen Abendstunden, der Gast aber wollte sich unterhalten. Und so gerieten ihre gemeinsamen Essen zeitweise zur Tortur, denn die Unterschiedlichkeit ihrer Temperamente war unüberhörbar, das heißt unübersehbar – denn zu hören gab es nichts.

Zur Erleichterung des jungen Studenten wurde die Zahl der Pflichttermine bald gesenkt. Karl Mayer hatte das Verständnis des Vaters gefunden, der seinen Sohn vor Schwierigkeiten bewahren wollte. Denn wenn Uhland „sich über einen Gegenstand der Unterhaltung ausgeschwiegen hatte, schwieg er bald ebenso gründlich von etwas anderem.“ Das wäre ja vielleicht nicht so schlimm gewesen, aber wie stand Mayer junior da, wenn ihn seine Freunde neugierig fragten: „Was hat der Uhland gesagt?“

Amtsmaskerade

Aus Stuttgart schreibt der Junggeselle Uhland im Jahre 1814 seiner Mutter nach Tübingen: „Beifolgende Hosen, die ich zur Schonung anderer noch zuweilen unter dem Überrock tragen kann, sind hinten ein wenig aufgetrennt. Da ich Gelegenheit habe, sie durch Prokurator Schott zu schicken und am Montag zurückzuerhalten, so bitte ich um die paar Stiche."

Nein, selbst konnte er diese „paar Stiche" nicht ausführen – eine Bildungslücke, die zu mancherlei umständlichen Reparaturtransporten führte. Dieses Hin- und Herschicken von Hosen, Tüchern, Strümpfen und Westen hat ein Ende mit Ludwigs Hochzeit. Ehefrau Emilie, genannt Emma, strickt, häkelt, wäscht, näht, bügelt und bessert aus; sie wendet abgetragene Kleidungsstücke und fabriziert genauso geschickt Schlafhauben für ihre Freundinnen. Dem Haushaltsressort „Kleidung" steht sie als ordentliche Bürgersfrau des 19. Jahrhunderts ganz allein vor. Ihrem Ludwig kommt das entgegen, denn die Pflege seiner äußeren Erscheinung gehört nicht zu seinen Stärken. Das machte schon Mutter Uhland nervös, und sie schickte ihrem erwachsenen Sohn mehr als einmal detaillierte Anweisungen wie beispielsweise folgende: Die Stiefel „kannst Du blos zu einer Reise nach Feuerbach tragen, in Stuttgart sind sie zu verflickt."

Zwanzig Jahre später bittet Emilie ihren Schwager Neeff, für Ludwig ein schwarzes Tuch auszuwählen und es sogleich dem Schneider zu übergeben, denn Uhlands Frack „ist gar zu schlecht". Umsorgt und versorgt, wie der vielbeschäftigte Mann nun einmal ist, kann es leicht zur kleinen Katastrophe werden, wenn Handlanger- und Zurechtlegdienste fehlen. Ehefrau Emilie reist für ein paar Tage in ihre Heimatstadt Calw, und schon muß Ludwig ihr etwas ratlos schreiben: „Meine Absicht war, Dir gestern schon zu schreiben, aber Vormittags war Sitzung und Nachmittags Gastmahl beim Hrn. Fürstpräsidenten. Da hatte ich denn erstaunlich mit meiner Toilette zu schaffen. Du hättest sehen sollen, wie ich einige Stunden lang Kisten und Kästen, Schubladen und Fächer durchwühlt und umgekehrt habe, um die mancherlei Stücke meiner Amtsmaskerade zusammenzusuchen."

Anfang und Ende

Schweigsam, zurückgezogen, fleißig, überaus ordnungsliebend und von „einer gewissen spartanischen Starrheit" – so war Ludwig Uhland nun einmal. Und vielleicht hätte sich daran auch nichts geändert, wenn Justinus Kerner nicht im Jahre 1804 nach Tübingen gekommen wäre, um sein Medizinstudium zu beginnen. Er freundete sich mit Ludwig Uhland an, die beiden waren auch

Mit Justinus Kerner (1786–1862) war Ludwig Uhland von Jugend an eng befreundet. Bleistiftzeichnung von Anton Duttenhofer.

weitläufig miteinander verwandt. Der muntere und humorvolle 18jährige Kerner brachte so richtig Schwung in das Haus des Universitätssekretärs Uhland. Dessen Frau, Rosine Elisabeth, war begeistert, denn Sohn Ludwig taute merklich auf, verschloß sich nicht mehr so sehr und fand in Justinus einen Freund der Poesie,

einen Romantiker wie er selbst einer war. Von früheren Familientagen kannten sich die beiden natürlich schon, aber erst in Tübingen begann ihre lebenslange Freundschaft. Kerners Einfluß auf Uhland war enorm: „Durch ihn wurde er auch mit anderen Studenten bekannt, und bald bildete sich ein Kreis von Freunden, die in Abendzusammenkünften frohe und genußreiche Stunden verlebten und für das ganze Leben sich an einander anschlossen." Auch für den jungen Kerner hatte der enge familiäre Kontakt zu Uhlands einige hübsche Vorteile, galt Ludwigs Mutter doch als eine Zauberin des Kochtopfs. Schon dem jungen Kerner waren die Freuden der kulinarischen Genüsse durchaus anzusehen; Mutter Uhland fand in ihm einen begeisterten Tischgast.
Für den in seinem Wesen gar nicht so richtig jungen Uhland beginnt mit dem beweglichen, aufgeschlossenen Justinus eine neue Zeit – fast so, als hole er jetzt ein Stück Jugend nach. Mit noch nicht 20 Jahren beginnen sie ihren gemeinsamen Freundschaftsweg, den sie bis zu ihrem Tod nicht mehr verlassen werden. Was für Uhland mit seinem Freund Kerner begann, endete auch mit ihm: „Bei dessen Beerdigung am 24. Februar 1862 in Weinsberg zieht sich Ludwig Uhland eine Erkältung zu, von der er sich nicht mehr erholt. Er stirbt im gleichen Jahr wie Freund Justinus Kerner."
Ein halbes Jahrhundert früher hatte Uhland ihm geschrieben: „Allein ich hoffe, der Tod ist ein Altpoetiker, der uns gar nicht als Dichter anerkennt und daher in Ruhe läßt."

Arbeitsmethode

„Meine Art zu dichten ist mehr Sache der Stimmung, welche, abgebrochen, augenblicklich ist, und was außer derselben gedichtet, oder zwar in derselben entworfen, aber nachher ausgeführt ist, wird mißlingen", schreibt Uhland seinem Freund Karl Mayer 1810.
Das Entstehen seiner Gedichte ist wesentlich stärker von Stimmungen abhängig, als man es sich zunächst vorstellen kann. Der spröde, in sich gekehrte, so karg-schweigsame Uhland, von dem ein Zeitgenosse erzählte, daß er sich „auch dann nicht erwärmte,

wenn die ihn offenbar am intensivsten beschäftigenden Gegenstände zur Sprache kamen", unterlag seelischen Verfaßtheiten, die es ihm unmöglich machten, schöpferisch tätig zu sein, die ihn aber auch zu poetischen Höhenflügen emporsteigen ließen. „Wohl präpariert, Paragraphos wohl einstudiert", fleißig, korrekt, sachlich und mit sich selbst streng – dieses Uhland-Bild wurde vor allem überliefert. Sein Tagebuch und Briefe an Freunde zeigen einen anderen Menschen, besonders in jungen Jahren. Während die Freunde aus Studienzeiten zu ersten Anstellungen, Bildungsreisen oder zu weiteren Studien nach Wien, Hamburg, Neapel und Rom aufgebrochen sind, bleibt ein verdrossener Uhland in Tübingen zurück. „Was mich betrifft, so habe ich Dich Reisenden beneidet, denn ich lebe hier so einsam, so einsam", klagt er gegenüber Kerner im Jahre 1809. Da ist es auch kein Trost, daß Varnhagen von Ense schreibt: „Ich habe oft Gelegenheit, Dich um die heilige Ruhe zu beneiden". Denn Uhland kommt sich vor wie ein Gespenst, wenn er seine abendlichen Runden durch Tübingen macht und fühlt sich, „wie wenn ich in die Eiswüsten von Sibirien hineinliefe."

Bedrängende Einsamkeitsgefühle, Hoffnungen, enttäuschte Liebe, Sehnsucht, frühe Begegnung mit dem Tod und eine intensiv erlebte Natur sind es, die Uhland zur Feder greifen lassen. Seine schönsten Gedichte entstehen in diesen Jahren. Der bestimmte Augenblick, eine Ahnung, das Unausgesprochene, Illusion und Wunsch – durch Ludwig Uhland werden sie zur Poesie. Und nicht selten wird sein Herz ergriffen von der Schönheit eines Ortes. Gleich dort beginnt er dann zu schreiben, formuliert seine Gedanken und Eindrücke, denn es darf nichts verlorengehen. Seine Stimmung ist „augenblicklich" und kann so rasch vergehen, wie sie kam. Später wird er sie nicht mehr zurückholen können. Empfindungen, die seinem Herzen die Poesie des Moments und der Feder den richtigen Schwung gaben, müssen gleich auf dem Papier festgehalten werden.

„Er liebte die Natur wie eine Geliebte, deren Gegenliebe ihm gewiß ist", hieß es später über Ludwig Uhland. Und in so einem Moment der poetischen Schöpfung – inmitten der Natur – mag auch sein wohl berühmtestes Gedicht „Droben stehet die Kapelle" entstanden sein. Schwab, Kerner, Mayer und Uhland liebten den Weg zum Wurmlinger Kapellenberg. Und wenn sie in dem kleinen Tal, aus dem der Ammerberg kahl und schroff herausragte, eine Rast einlegten, präsentierte sich ihnen ein unvergeßlicher Blick auf die hoch oben liegende Kapelle. Dieser eine wunderbare Augenblick, an den sich Uhland noch in hohem Alter erinnern sollte, läßt seine Feder wie mit Flügeln über das Papier gleiten.

Die Kapelle

Droben stehet die Kapelle,
Schauet still ins Tal hinab,
Drunten singt bei Wies und Quelle
Froh und hell der Hirtenknab.

Traurig tönt das Glöcklein nieder,
Schauerlich der Leichenchor;
Stille sind die frohen Lieder,
Und der Knabe lauscht empor.

Droben bringt man sie zu Grabe,
Die sich freuten in dem Tal.
Hirtenknabe, Hirtenknabe!
Dir auch singt man dort einmal.

Aussehen

Nein, Ludwig Uhland war nicht der großgewachsene, heroische Parlamentarier, der mit Wortgewalt und imposantem Auftritt seine politischen Gegner in die Knie zwingen konnte. „In der Paulskirche hörte man oft die Klage, daß Uhland durch seine öffentliche Erscheinung beim Parlamente die schöne Illusion zerstört habe, welche man von dem Dichter Uhland gehegt", berichtete ein Zeitgenosse. Und Fanny Lewald erzählt in ihren Erinnerungen aus dem Jahre 1848 von der ungewöhnlich wenig schönen Erscheinung des beliebten Dichters: „Eine junge Dame, welche sich neben uns befand und seit Jahren ein selbstgeschaffenes Bild des trefflichen Mannes in der Seele tragen mochte, rief, als man ihr Uhland zeigte, mit komischem Erschrecken: 'Das soll Uhland sein? Ach, der hat seine Gedichte gar nicht gemacht!'"

Die Nachwelt hat manches verklärt, und seine Porträtisten haben ihn auch nicht genau so gezeigt, wie Uhland tatsächlich aussah. Zeitgenossen, Dichterfreunde und Zufallsbekanntschaften waren kritischer, betrachteten ihn manchmal mit geradezu sezierendem Blick: „Uhlands Kopf war auf den ersten Blick nichts weniger als schön: kleines, zurückgeschobenes Kinn gehört bekanntlich zu den auffallenden Mißbildungen des menschlichen Profils; über dieser unzulänglichen Basis trat scharf und herbgeschlossen, mit etwas abwärts gezogenen Winkeln der Mund hervor; die Nase war kräftig gebildet, hier lag nichts Kleinliches. Energie sprach aus ihrer mäßig gebogenen Mitte, Scharfsinn aus ihrer länglich gezogenen Spitze. Was nun aber jedem prüfenden Auge den ungewöhnlichen Menschen verkündete, das war die hohe, breite, ausgezeichnet individuelle Stirn: eine mäßige Einziehung über dem markierten Vorsprung der Augenknochen, dann eine rückwärts geneigte mächtige Auswölbung, die obere, früh kahl gewordene Fläche groß, nach leichter Einsenkung in kräftigen Hügeln nach hinten abfallend ... Nun aber legte und goß sich noch etwas anderes über diese harten, markigen und doch teilweise wieder kleinlichen Formen. Vor allem muß ich die Schläfen nennen; eine nicht zu beschreibende, rührende Zartheit lag über dieser Bildung, erhöht von dem Spiele der etwas gerollten, früher blonden, ergrauten Locken. Das blaue Auge war klein und schien dem oberflächlichen Beobachter unbedeutend, natürliche Empfindlichkeit des Organs und Gewohnheit des Studierens hatte die Lider etwas zusammengezogen, gerötet und ein Netz von Fältchen um die äußeren Winkel gebildet“. Und Adalbert von Chamisso sah Uhland so: „Er ist klein, unscheinbar, dickrindig und schier klötzig.“

Auf die mütterlichen Sorgen wegen einer gewünschten vorteilhafteren Erscheinung ihres Sohnes, antwortete Ludwig in rührender Weise: „Was Sie von dem oft Ungefälligen meines äußeren Wesens schreiben, kann ich nicht widersprechen. Es mag vielleicht in der bisherigen Ungunst meiner Verhältnisse und in der manigfachen Bewegung meines Inneren einige Entschuldigung finden.“

B

Beruf

Sein eigentlicher, sein studierter Beruf gefiel ihm überhaupt nicht; der zweite lag mit dem ersten im Streit, denn er kam ihm aus dem Herzen. Der dritte gehörte zu den Grundlagen des zweiten, und zum vierten rief ihn das Volk. Ludwig Uhland übte in seinem Leben vier Berufe aus: Jurist, Dichter, Forscher und Politiker. Der Großvater Joseph war Professor am theologischen Stift und Ephorus, das heißt der Seminarleiter; der Vater war Universitätssekretär und Sohn Ludwig sollte nun auch die Juristerei erlernen. Auf Wunsch seines Vaters schrieb er sich im Jahre 1805 für das Studium der Rechte an der Universität Tübingen ein. Das hatte auch noch einen praktisch-pekuniären Grund: Die Familie Uhland gehörte zu den Nutznießern eines Stipendiums, das jedoch nur für Theologie oder Jura vergeben wurde. Ludwig hätte viel lieber Philologie studiert. Aber – er war ein gehorsamer Sohn. „Als ich mich des Rechts beflissen/Gegen meines Herzens Drang", offenbarte er später. Vater Uhland war nicht kleinlich; das durchs Stipendium ersparte Geld stellte er seinem – 1810 promovierten – Sohn zur Verfügung, damit Ludwig eine Reise nach Paris unternehmen konnte, um „die neuen französischen Gerichtsverhandlungen, die Sprache und noch mehreres" zu lernen.
Nun, wir ahnen, wie es ausging: Die Archive und Manuskriptkisten der Bibliotheken in der französischen Hauptstadt zogen Ludwig magisch an, und er verbrachte dort mehr Zeit, als sein Vater – im Gott sei Dank fernen Tübingen – es sich vorstellen konnte. Auf der Spur mittelalterlicher Sagen vergaß der Romantiker und Forscher Uhland Tag und Stunde. Und um möglichst schnell an den Ort des Vergnügens zu gelangen, hatte er sich auch

gleich ein Quartier ganz in der Nähe der Staatsbibliothek genommen.
Sollte der Dichter Wilhelm Hauff aus Tübingen später über seinen Parisaufenthalt auch schreiben: „Diese Herrlichkeiten fangen an, nachdem ich sie fünf Wochen genossen, zu langweilen“, so empfand sein Landsmann Uhland genau das Gegenteil. Nachdem er erst einmal das übliche Touristenprogramm erledigt und, wie ausdrücklich gewünscht, auch fleißig darüber nach Hause berichtet hatte, konnte er sich nun seinem wesentlichen Anliegen widmen: in Ruhe nach mittelalterlichen Schriften forschen. Da kam keine Langeweile auf. Im Gegenteil, die Zeit verging viel zu schnell, und Uhland hätte zu gerne den Aufenthalt noch ein bißchen verlängert. Sein Landesherr aber, König Friedrich, befahl ihn zurück, und so ging es Anfang 1811 wieder nach Tübingen.
Nur kurze Zeit bleibt er, denn die Advokatenpraxis läuft nicht, und seine Dichtungen kosten allenfalls Geld, bringen aber zu der Zeit noch nichts ein. In der Residenzstadt des Königreichs Württemberg schlägt sich Uhland die nächsten zwei Jahre als – unbezahlter – zweiter Sekretär im Justizministerium durch. „Bureau, an einem Criminalfall gearbeitet“, heißt es im Tagebuch vom 4. April 1813. Uhland fühlt sich nicht wohl, die Juristerei ist nicht sein Geschäft, aber er muß durchhalten, noch immer ist er vom Vater finanziell abhängig. Seinem Freund Kerner schreibt er: „Es schwindet mir in meinen gegenwärtigen Verhältnissen die Zeit wahrhaft wie ein Traum, größtenteils wie ein banger. Sammlung zu heiterem Leben, zu ruhiger Poesie scheint mir nicht beschieden zu sein.“
Große Fußmärsche bringen ihm in dieser schweren Zeit Erholung und Aufheiterung des Gemüts, aber im Ministerium bewegt sich nichts zu seinen Gunsten. Die Umwandlung seines Postens in eine bezahlte Stelle wird abgelehnt. Hat es mit dem Staatsdienst nicht geklappt, weil er zu laut gegen die neuen Verfassungspläne sprach in seinen Stammtischrunden oder, wie seine Eltern vermuten, weil er sich bei seinen „oberen Herren“ nicht nachdrücklicher bekannt gemacht hatte? Aber gerade das liegt Uhland ja nun überhaupt nicht. Und so versucht er es erneut als freier Advokat in Stuttgart. Die Aussichten aber bessern sich nicht, es will einfach kein Geld in die Kasse kommen.

Die Juristerei bedrückt ihn, seine Arbeit als Dichter aber macht ihn froh: Bei Cotta werden 1815 seine ersten Gedichte veröffentlicht. Sie machen Ludwig Uhland schnell berühmt – und zwar über Württemberg hinaus. Endlich ein Lichtblick, Uhland schöpft neuen Mut. Er erlebt bis 1819 die schöpferischste Phase seines Lebens. Gleichzeitig erkennt er nun auch den Sinn seines Studiums: Er wird der führende Sprecher der Landstände in der Auseinandersetzung um die neue württembergische Verfassung, mit der König Friedrich auch die Staatsverwaltung modernisieren will. Abgesehen von einigen Unterbrechungen wird die Politik Ludwig Uhlands Leben die nächsten 30 Jahre bestimmen. 1832 wählen ihn die Stuttgarter in den Landtag, 1848 sitzt er als demokratischer Abgeordneter des Wahlkreises Tübingen-Rottenburg in der Frankfurter Paulskirche.

Nach der gewaltsamen Auflösung des Stuttgarter Rumpfparlaments, der Uhland bis zuletzt standhaft und konsequent entgegentritt, zieht er sich zurück und lebt ab 1849 als Privatgelehrter in Tübingen. Seine Forschungen setzt er fort, ausgedehnte Reisen in den nächsten Jahren zu den großen Bibliotheken Europas folgen. Die glückliche Schaffensperiode als Dichter von 1810 bis 1819 aber wiederholt sich nicht. Goethe hatte wohl recht, als er dieses Problem Uhlands sah und seinem Sekretär Eckermann ankündigte: „Geben sie Acht, der Politiker wird den Poeten aufzehren. Mitglied der Stände seyn und in täglichen Reibungen und Aufregungen leben, ist keine Sache für die zarte Natur eines Dichters. Mit seinem Gesange wird es aus seyn, und das ist gewissermaßen zu bedauern. Schwaben besitzt Männer genug, die hinlänglich unterrichtet, wohlmeinend, tüchtig und beredt sind, um Mitglied der Stände zu sein, aber es hat nur einen Dichter der Art wie Uhland."

Biographie

Eine Autobiographie von klassischem Rang, vielleicht die bekannteste im deutschen Sprachraum, ist „Dichtung und Wahrheit". Diktiert und zeitweise selbst geschrieben wurde sie in Weimar, der Autor heißt Johann Wolfgang von Goethe. Auch Heinrich Heine,

Justinus Kerner, Gottfried Keller, Fanny Lewald, Hans Christian Andersen und George Sand hinterließen literarische Darstellungen ihres Lebens aus eigener Sicht und von eigener Hand.
„Lebensbeschreibungen, am meisten von sich selbst, wenn sie treu und scharfsinnig sind, welche tiefe Besonderheiten würden sie liefern!“ Ludwig Uhland hat sich von diesem mahnenden Zuruf eines Zeitgenossen nicht angesprochen gefühlt. Sein persönlicher Nachlaß besteht aus Briefen und seinem Tagebuch, das jedoch nur wenige Jahre bis zur Heirat umfaßt. Ein Mann, dem Ehrungen und Orden nicht angenehm sind, verschmäht es auch, sich selbst schreibend darzustellen. Eine Autobiographie von Ludwig Uhland gibt es nicht.
Daß über sein Leben trotzdem so vieles bekannt ist, nicht in Vergessenheit geriet, verdanken wir seiner Biographin Emilie Uhland. Nach dem Tod ihres Mannes beginnt sie mit der sorgfältigen Durchsicht seines Nachlasses. Vergessene Briefe, Gedichte, Erinnerungen, das Tagebuch, die Berichte von Freunden, die gemeinsamen Jahre mit so vielen Reisen, Bekanntschaften, das Haus in Tübingen, seine Arbeit als Professor und Politiker sowie schließlich sein Sterben – Emilie wird zur Chronistin ihres berühmten Ehemannes.
Sachlich-nüchtern schreibt sie für sich und andere sein Leben auf, vermeidet persönliche Gefühle und trifft damit genau den Ton, der sich in den Äußerungen des zurückhaltenden Uhland auch stets fand. Obwohl sie ihrem Mann das Liebste war, bleibt Emilie im Hintergrund und spricht von sich selbst nur in der dritten Person. Ein selbstbewußtes „Ich“ vermeidet bescheiden die sonst so fest im Leben stehende Emilie Uhland.
Die Biographie über ihren Ludwig, fertiggestellt 1865, ist zunächst nur für Freunde wie Eduard Mörike und Gustav Schwab gedacht, erscheint aber dann doch 1874, anläßlich der Enthüllung des Uhland-Denkmals, in Tübingen im Cottaschen Verlag. In „Ludwig Uhlands Leben. Aus dessen Nachlaß und aus eigener Erinnerung zusammengestellt von seiner Witwe“, berichtet Emilie Uhland auf fast 500 Seiten über die 75 Lebensjahre ihres Mannes.
In der Württembergischen Landesbibliothek Stuttgart gehört diese Biographie als Rarität heute zu den Büchern, die nur noch im Lesesaal gelesen und nicht mehr ausgeliehen werden.

Briefe

Es gäbe kein Ding auf der Welt, das nicht seine zwei Seiten hätte, meinte Uhland in einem Gespräch. Ehefrau Emilie widersprach: „Ich weiß ein Ding, das nur eine Seite hat." Auf die erstaunte Nachfrage ihres Mannes antwortete sie: „Das sind Deine Briefe, die haben niemals mehr als eine Seite!" Nicht nur Emilie klagte. „Warum ich nicht schreibe? Aber wie war es mir möglich, einen Brief zu beantworten, aus dem von allen Seiten Witz und Poesie hervorquillt, wie der Saft aus einem guten Schweizerkäse?" fragt Ludwig seinen Freund Justinus listig und hat mal wieder eine gute Ausrede für Tintenknauserei und Papierpause gefunden. „Ein fleißiger Briefschreiber war Uhland überhaupt nicht", erinnerte sich Karl Mayer und meinte, Justinus Kerner habe nicht als einzi-ger darunter zu leiden gehabt. Dem wurde es eines Tages end-gültig zu viel, genauer gesagt: zu wenig der Nachrichten aus Stuttgart, worauf er Uhland schrieb: „Ich sende diesen Mann zu Dir, damit er nachsehen soll, ob Du noch lebest." Zwei Monate hatte er schon nichts mehr von sich hören lassen. „Das Schreiben ist gar zu elend", befand Ludwig und wünschte sich einen Besuch des Freundes, „damit wir uns wieder sehen und sprechen." „Briefe soll man, wie jedes andere Vergnügen nach getaner Arbeit sich gestatten", äußerte ein Zeitgenosse Uhlands. Für den war das Briefeschreiben aber gar kein Vergnügen, der Empfang neuer Nachrichten allerdings durchaus: „Je weniger meine gegen-wärtigen Verhältnisse belebend sind, umsomehr sind mir die Mit-theilungen der Freunde Bedürfnis", läßt er Varnhagen von Ense wissen. In den vier Bänden mit „Uhlands Briefwechsel" fallen Varn-hagens Schreiben wegen ihrer ausführlichen Länge auf. Obwohl er ein vielbeschäftigter Mann in diplomatischen Diensten war, nahm er sich Zeit, seinem Freund Uhland wieder und wieder zu schreiben. Briefplaudereien konnte man das nicht nennen, denn sie hätten ein ebenso schreibfreudiges Gegenüber verlangt. Uhland aber schob seine Antworten gerne ein wenig hinaus. „Schreib mir doch auch einmal etwas Ausführliches, wie Du lebst, und was Du machst", bittet Varnhagen am Ende eines langen Briefes aus Karlsruhe und muß sich trösten mit dem Gedanken: „Wenn mir Uhland nicht schreibt, dachte ich immer, so benutzt er die Zeit wohl zum Dichten, und was ich als Freund zu verlieren schiene, das gewinne ich als Mitglied der Lesewelt reichlich wieder!“ Wie oft müssen die Freunde Mayer, Kerner und Varnhagen die typische Uhland-Ausrede lesen: „Bin in Eile“ und ich würde „Dir mehr schreiben, wenn ich mich nicht sehr beeilen müßte.“ „Mangel an Ruhe und Sammlung“ hindern ihn am fleißigen Schreiben ebenso wie Landtags- und Advokatengeschäfte. Irgend etwas ist immer, und Karl Mayer meint dazu: „So klein wie Deine Briefe zu sein pflegen, können sie Dir wenig Mühe, mir aber dennoch die größte Freude machen.“

Bei diesen vielen Beschwerden und einer uns heute sehr umfangreich erscheinenden Korrespondenz ist zu bedenken, daß in dieser „Kommunikationsurzeit“ ohne Telefon, Fax und Handy nur das geschriebene Wort die Verbindung von Ort zu Ort herstellte. Aus heutiger Sicht ist die Menge der Mitteilungen, der hin- und herjagenden Kurzbriefe und langen Berichte bemerkenswert. Uhlands Freunde bemängelten seine fehlende Lust an der Mitteilung, wir aber, in der Endzeit des Briefes, wären über seine oft spärlichen Zeilen begeistert. Im Netz der Uhlandschen Korrespondenz wird Emilie ab 1820 zweifellos zum Fixpunkt. Wie die Ehe-Briefe der Humboldts und Varnhagens geben die der Uhlands Zeugnis von ihrem gemeinsamen Weg. In Ludwigs Briefen an Emilie lernen wir einen bis dahin unbekannten Uhland kennen. „Klettere mir nur nicht allzu kühn und einsam in Burgen und Wäldern umher“, mahnt er besorgt während ihres Aufenthalts in Bad Liebenzell und freut sich „gar sehr“ darauf, seine Frau wiederzusehen. Rührend, liebevoll, zärtlich und sehnsuchtsvoll sind die Briefe Uhlands an seine „Theuerste“, an sein „Liebstes, bestes Weib“, das er gerne „mit treuester Liebe, Dein Ludwig“ grüßt.

Anekdoten haben immer einen wahren Kern. Emilie aber kann von ihrem Ludwig nur wenig einseitig beschriebene Briefe erhalten haben. Ihre liebevollen Ermahnungen erwiesen sich über die Jahre als sehr wirkungsvoll: „Wie freue ich mich auf einen Brief von dir, lasse ihn wo möglich auch etwas lang ausfallen.“ Ob genaue Berichte über den Verlauf einer Reise, seine Arbeit in Bibliotheken, Besuche bei Freunden, das Treffen bekannter Persönlichkeiten, politische Neuigkeiten aus Frankfurt, das Wetter oder

seine Erinnerungen an gemeinsame Aufenthalte am Bodensee – Ludwig schreibt und schreibt. Und seine Emilie freut sich: „Du bist recht lieb, daß Du mir so einen langen Brief geschrieben und es nicht bey dem Dir vorgeschriebenen Formular hast bewenden lassen.“ Sie vermißt ihn ebenso wie er seine Frau, wenn sie ausnahmsweise einmal nicht zusammen reisen. „Im übrigen bin ich gesund und es fehlt mir nichts – als Du“, schrieb er einst seiner Braut Emma, und während der ersten Wochen in Frankfurt, die Uhland dort allein lebt, liest sie in einem seiner Briefe: „Wenn Du gerne meine Mittheilungen hörtest, so vermisse ich gewiß nicht minder, Dich zur Vertrauten meiner täglichen Erfahrungen zu haben.“
Die etwas spröde Anrede „lieber Uhland“ für ihren Liebsten sollte uns nicht täuschen. Emilie schreibt Briefe, die zu Herzen gehen. In „Uhlands Briefwechsel“ läßt sich noch vieles finden, so auch ihre Gute-Nacht-Zeilen: „Wenn Du nach Deiner lieben Gewohnheit vor Schlafengehen zum Himmel aufblickst, dann denke auch an mich, wie ich an Dich denke.“

Brille

Es gibt Porträts von Ludwig Uhland aus der Jugendzeit, seinen mittleren Jahren und auch solche, die ihn als älteren Mann zeigen. Selbst dort ist er stets ohne Brille zu sehen. Dabei benötigte er sie so dringend, wie sein lebenslanger Freund Karl Mayer aus Tübingen berichtet: „Er war von Natur aus sehr kurzsichtig und hatte das Blinzeln und den blöden Blick derer, die mit diesem Naturfehler behaftet sind, besaß aber auch jene Geschicklichkeit derselben, sich aus Umrissen und Bewegungen der Gestalt und aus den Stimmen der Umgebenden rasch und sicher zu orientieren. Eine Brille trug er nie, wohl aber handhabte er zum Blick in Landschaft und Ferne ein kleines Gläschen, das er vors Auge hielt.“

Bruder

Ludwig Uhland war der dritte Sohn seiner Eltern und sollte als einziger überleben. Der im Jahre 1783 erstgeborene Ludwig starb schon kurz nach der Geburt. Zwei Jahre später kam der ältere Bruder Friedrich zur Welt, mit dem Uhland die ersten Jugendjahre

Friedrich Ludwig Jakob Uhland, genannt Fritz, der Bruder des Dichters. Er starb 1794 im Alter von neun Jahren infolge einer Scharlacherkrankung.

verbrachte. Emilie Uhland sagt es sehr deutlich in der Biographie über ihren Mann: „Ludwigs älterer Bruder war ein schönes, feines Kind, während dieser auf Schönheit keinen Anspruch machte." Aber nicht nur, daß Friedrich besser aussah als Ludwig, auch „bei den Verwandten war der ältere Bruder viel beliebter". Wenn beide Brüder einen Besuch gemacht haben, so habe es immer geheißen: „Grüß Gott, lieber Fritz, das ist schön, daß du zu uns kommst!" und dann eine Oktave tiefer: „So Louis, du kommst auch mit."

In „Ludwig Uhlands Leben" berichtet seine Frau, ihr Mann habe als Kind diese Bevorzugung neidlos anerkannt. Schwer vorstellbar, so viel kindlicher Heldenmut. Im Gegenteil, die Erinnerung muß Uhland sein Leben lang begleitet haben. Hätte er sonst noch so viele Jahre später von dieser wohl doch bitteren Erfahrung erzählt?

Sieben und neun Jahre alt waren die Brüder, als sie lebensgefährlich an Scharlach erkrankten. Für Friedrich gab es keine Hilfe. Er starb 1794. Ludwig überlebte nach schwersten Fieberdelirien die wochenlange Scharlacherkrankung und wurde – nach Goethes Tod – der gefeiertste Dichter seiner Zeit.

Auf den Tod eines Kindes

Du kamst, du gingst mit leiser Spur,
Ein flücht'ger Gast im Erdenland;
Woher? wohin? Wir wissen nur:
Aus Gottes Hand in Gottes Hand.

Burschenschaft

Ich bin „nun aus den schallenden Kommersch- und Tanzsälen in die Einsamkeit meines kleinen Zimmers zurückgekehrt", schreibt Ludwig Uhland 1807 einem Freund. Die Zeit des Studiums geht zu Ende, viele aus seinem Tübinger Kreis haben die Universität schon verlassen. Der junge Uhland ist sich bewußt, daß dieser Lebensabschnitt zu Ende geht: „Ein schöner Theil der Poesie des Lebens ist uns entrissen – der Theil, so die Burschenlieder enthält." Drei Jahre später wird noch einmal ein Abschied anstehen. Von den Deutschen, die sich zusammen mit ihm um 1810 auf Bildungsreise in Paris aufhalten, reisen einige ab, und an Justinus Kerner schreibt Uhland, daß sie dies mit einem „Commersch in

Bagatelle“ in einem „hübschen Schloß und Garten“ eine Stunde von Paris entfernt gefeiert haben. Feierliche Zusammenkünfte von Studenten, oft mit Musik und im Freien, gingen ab dem Ende des 18. Jahrhunderts oft als „Kommersch“ in Erzählungen und Berichte ein, denn der „Kommers“ ist keine Erfindung von farbentragenden Studenten und war den jungen Männern als ein Brauchtum aller Völker aus frühester Zeit oder von der Universität bekannt.

Der „Cirkel der Deutschen“, in dem Ludwig Uhland sich in Paris fast ausschließlich bewegt, nimmt vorzugsweise Quartier in der Umgebung des Hotel de Piemont in der Rue Richelieu, das damit für Neuankömmlinge zum ersten, für die anderen zum festen Anlaufpunkt in der fremden Stadt wird. Hier gibt es Hilfe bei Problemen des Alltags im Ausland, und zu wichtigen Deutschen werden Kontakte vermittelt, die sich nicht selten zu lebenslangen Freundschaften entwickeln. Fast alle Mitglieder des „Cirkels“ gehören dem 1780er Jahrgang an, sind überwiegend Schwaben, sprechen deutsch, lesen gemeinsam deutsche Zeitungen und bleiben unter sich Männern. Ihre Feste und Umgangsformen weisen Ansätze von ritualisierten Formen auf, wobei ein äußeres Zeichen ihrer Zusammengehörigkeit nicht bekannt ist. Mancher erkannte die Zunft der Dichter und Denker aber auch so. Der Pariser Kreis um Ludwig Uhland weist viele Merkmale auf, die an die ab 1816 sich herausbildenden Studentenverbindungen erinnern. Daß Uhland und seine deutschen Freunde als eine Art „Landsmannschaft“ der Schwaben in Paris um 1810 gelten können, ist möglich. Das Verzeichnis der 1816 in Tübingen gegründeten Burschenschaft Germania weist einige Mitglieder auf, die im Zusammenhang mit Ludwig Uhland bekannt sind: der Dichter Wilhelm Hauff, an dessen Grab Uhland gesprochen hatte; Hermann Hauff, der Redakteur und Kollege Gustav Schwabs bei Cottas „Morgenblatt“ sowie Konradin, der Bruder von Ludwigs Jugendliebe Friederike Abel. Der Uhland gegenüber so gehässige Robert Mohl berichtet über seine Zeit bei Germania: „Ich selbst trat übrigens nicht in die Verbindung ein, ... ich ging nur mit Mitgliedern um, besuchte den Fechtboden und die feierlichen Kommerse“. Möglich, daß auch Uhland manchmal dabei war. Bekannt ist von irgendwelchen Kontakten zu den schlagenden Verbindungen bis

1862 nichts, und mit dem folgenden Zweizeiler geht Uhland auf ironische Distanz:

„Sie schlagen sich ins Gesicht,
denn am Hintern sieht man's nicht."

Schon im 16. Jahrhundert galt das Trinken als bevorzugtes Hobby des Volkes, und welcher Student konnte sich schon einem solchen angenehmen Zeitvertreib entziehen? Bei manchen hat sich diese „Mode" seitdem erhalten, und Ludwig Uhland mag so manchem Studenten mit seinem „Trinklied" aus der Seele gesprochen haben:

„Was ist das für ein durstig Jahr!
Die Kehle lechzt mir immerdar,
Die Leber dorrt mir ein.
Ich bin ein Fisch auf trocknem Sand,
Ich bin ein dürres Ackerland;
O schafft mir, schafft mir Wein!"

Durst macht leichtsinnig und so versprachen sie: „Ja, ja! die mir zu trinken gibt, soll meine Liebste sein". Über die studentischen „Bierspiele", „Bierskandale" und „Biergerichte" finden wir nichts bei Uhland, aber nach mündlicher Überlieferung heißt der „Bierkomment" bei den Germanen in Tübingen „Uhland-Komment". Danach haben die geselligen Zusammenkünfte der Bundesbrüder, die Kneipen, entsprechend einer Abmachung mit dem Ehepaar Uhland um 23 Uhr zu enden. Das tun sie auch – bis heute. Manche meinen, die energische Familie Uhland hätte sich in die Regeln der Burschenschaft eingemischt, um ihren Ludwig abends bald wieder im Hause zu haben. Schwer vorstellbar und wohl eher in die Schublade der Anekdoten zu legen, wenn man bedenkt, wie alt-ehrwürdig, praktisch unverrückbar und Frauen-abstinent alle Verbindungsregeln sind. „Wer in Farben geht ..., springt nicht, schleppt keine umfangreichen Gegenstände, pfeift und gröhlt nicht", heißt es noch heute in einer Schweizer Verbindung, und daran ist ebensowenig zu rütteln wie an Artikel 18 der Bundesverfassung: „In öffentlichen Lokalen wird die Mütze auf dem Schädel behalten, ausgenommen beim Essen mit Messer und Gabel."

Andere halten es für wahrscheinlicher, daß die Burschenschaft Germania den „Uhland-Komment" einführte, um das benachbarte Ehepaar nach 23 Uhr nicht mehr zu stören. Das allerdings setzt ungewohnt vernünftige Studenten voraus, die auch tatsächlich um 23 Uhr nach Hause gehen. Das Verbleiben zu dringend nötigen Nachsitzungen oder das Absingen vielzeiliger Huldigungsgesänge an den Mond, Professor Uhland, eine hübsche Angebetete oder sonstige in die alkoholfrohe Stimmung der Studenten geratene Unschuldige sollte mit dem „Uhland-Komment" verhindert werden.
Die Germanen, wegen der Lage ihres Hauses auch „Eck-Germanen" genannt, waren zunächst die Nachbarn von Uhlands, viel später kauften sie deren Haus dazu. Es überstand den Krieg bis zum 15. März 1944. Ein Zufall brachte die Vernichtung des Uhlandhauses in der Gartenstraße: „Als englische Kampfflieger, die Stuttgart im Visier gehabt hatten, kurz vor 23 Uhr von deutschen Jägern bedroht wurden, mußten sie Ballast loswerden und klinkten über dem Österberg eine schwere Luftmine und zwei oder drei Phosphorbomben aus." Das Haus der „Eck-Germanen" blieb soweit verschont, das Uhland-Haus wurde durch einen Volltreffer zerstört. Heute befindet sich im Eingangsbereich des Germanenhauses eine ständige Uhland-Ausstellung. Das aus dem Besitz des Dichters erworbene Hammerklavier mußte dem Stadtmuseum Tübingen aus Sicherheitsgründen als Dauerleihgabe überlassen werden. Die sanges- und noch bierfroheren Studenten der Germania hatten dem ehrwürdigen Musikinstrument mit gar zu heftigem Zuprosten derart zugesetzt, daß ein erhöhter Bierpegel innerhalb des Gehäuses dem guten Stück nur noch Töne entlockte, die denen eines Klaviers wenig ähnlich klangen. Aufgrund ihrer Wiederbegründung 1837 feierte Germania im Jahre 1862 ihr 25. Stiftungsfest und verlieh am 15. Januar des Jahres „dem Dichter und Vaterlandsfreund" Ludwig Uhland das Ehrenband. Nur wenige Monate später gehörten die Germanen zu den vier Burschenschaften, die Ludwig Uhland auf seinem letzten Weg begleiteten.

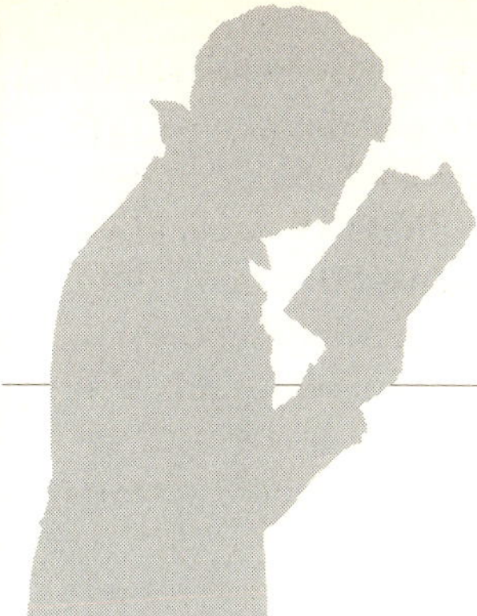

C

Charme

„Er ist im ganzen nicht rauh und herb, aber wo er es ist, werden ihn die Franzosen nicht glätten und gesprächig machen noch weniger." Nicht nur der Freund Varnhagen von Ense hoffte auf die therapeutische Wirkung der Reise nach Paris, auch Rosine Elisabeth Uhland wünscht, ihr Sohn möge dort „in der Lebensart mehr gewinnen." Zu seiner „Verfeinerung" schlägt der Vater Besuche bei hochgestellten Persönlichkeiten vor, und Ludwig soll „auch in Frauenzimmergesellschaften gehen, weil diese so ungeniert wären, Fehler gegen die Artigkeit mit aller Höflichkeit zu rügen, auch würden sie Dir nach meiner Meinung vermuthlich sagen, ob in Paris die Nägel abgeschnitten oder abgenagt würden".
Uhland aber hatte ganz andere Interessen in Paris. Nicht das weibliche Geschlecht und gesellschaftliche Vergnügungen lockten ihn, sondern die Bücher. Manch einem Vater mag schwindlig geworden sein bei dem Gedanken, was der Sohn aus der „Stadt der Liebe" so alles mit nach Hause bringen könnte, Johann Friedrich Uhland in Tübingen aber durfte beruhigt der Heimkehr seines Ludwig entgegensehen. Buchraritäten, stapelweise Manuskripte, Abschriften, Entwürfe und Gedichte – daraus bestand Uhlands Gepäck. Die Mutter hatte es geahnt: „Ob aber Deine Komplimenten, mit dem Kopf zu nicken, und eine Art Krazfuß zu machen, durch einen Tanzmeister seyn verbessert worden, zweifle ich." Paris bietet so viele Möglichkeiten, aber Ludwig berichtet nach Hause: „Von der großen Menge Bälle aller Art, die man an allen Straßenecken angeschlagen findet, hab ich keinen besucht."
Paris ist die Stadt des gekonnten Flirts, der „blauen Stunde" in verschwiegenen Séparées, die Stadt der hübschen Mädchen und rau-

schenden Feste. Uhland aber reist 1811 ab, ohne auch nur ein Fünkchen mehr Charme, mehr Lebensart im Koffer zu haben als bei der Ankunft. Erstmal ins heimatliche Schwabenland zurückgekehrt, erübrigt sich die Hoffnung auf eine Karriere des Sohnes als Charmeur. Es gibt dafür einfach zu wenig Vorbilder zwischen Tübingen und Stuttgart. Das nun wieder ist Mutter Uhland recht, denn von den Stuttgartern hält sie nicht viel: „Entweder sinds Schmeichler, die zu viel gute Worte austheilen, oder sich nichts um andre bekümmern, nehme diese Unart nicht von ihnen an", mahnt Rosine Elisabeth ihren Sohn Ludwig.

Eine liebenswürdige, gewinnende Wesensart – niemand, der dem schwäbischen Dichter Uhland begegnete, kam auf die Idee, diese Beschreibung mit ihm in Verbindung zu bringen. Ganz gewiß auch nicht Karoline Pichler, eine österreichische Bestseller-Autorin ihrer Zeit. Uhland begegnet ihr in einem Wiener Salon, wo die Kunst der charmanten Begegnung zu einem Mann von Welt gehört. Das aber ist Uhland ganz gewiß nicht, und so sind alle Anwesenden mehr als peinlich berührt, wie wenig charmant Uhland seine doch erfolgreiche Kollegin kommentiert. Er ist „in seiner schlichten schwäbischen Weise nicht unredlich genug, eine Salonlüge zu sagen", entschuldigt ihn Nikolaus Lenau.

Und doch finden sich auch Erinnerungen, die anderes berichten. Annette von Droste-Hülshoff schreibt ihrer Freundin über Uhland: Es „fährt ein geistiges Blitzen über sein Gesicht oder ein unbeschreiblicher Zug von Milde und Teilnahme, daß man ihm gerne die Hand drücken möchte, wenn man nicht dächte, es bringe ihn in größte Verlegenheit." Die Schriftstellerin Fanny Lewald fallen Uhlands Augen auf, die von hellem Blau und beeindruckendem Leuchten sind. Sensibel nimmt sie wahr, was auch Kinder instinktiv zu Uhland hinzieht: seine sprechenden, den Menschen annehmenden Augen.

Ludwig Uhland taut auf, legt seine Fassade ab, wenn er sich im kleinen, vertrauten Kreis bewegt. Einer seiner später berühmt gewordenen Studenten erinnert sich: „Uhland lud die eifrigen und begabteren Schüler in sein Haus ein und erlaubte ihnen, ihn zu besuchen; wir lernten ihn bei diesen Besuchen von einer so liebenswürdigen Seite kennen, wie wir es dem sonst wortkargen und trutzig dreinschauenden Manne kaum zugetraut hätten. Er hatte

Dieses Ölgemälde von Ludwig Uhland (von Christoph Friedrich Dörr) ist etwa in der Zeit seiner Bildungsreise nach Paris entstanden.

Freude an jungen Leuten, gab sich uns gegenüber ganz schlicht und ungezwungen und ließ uns auch an mancherlei heiteren kleinen Vorfällen teilnehmen, die ihm da oder dort begegnet, und die er mit jenem herzlichen Lachen zu erzählen pflegte, das ihm so wohl anstand."

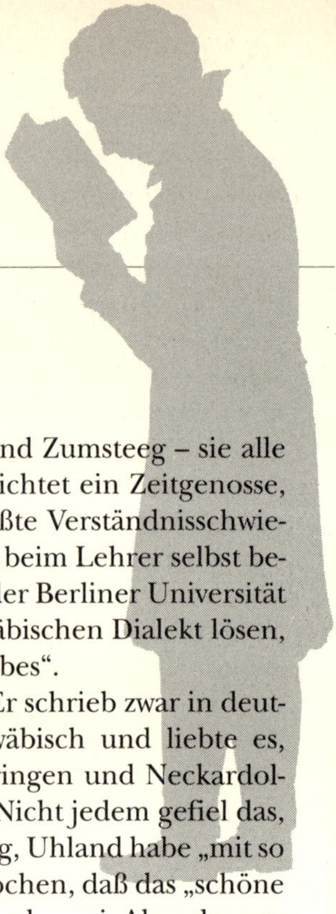

DIALEKT

Wieland, Schiller, Schelling, Dannecker und Zumsteeg – sie alle sprachen schwäbisch. Und von Hegel berichtet ein Zeitgenosse, er habe seinen Philosophiestudenten größte Verständnisschwierigkeiten bereitet, die weniger im Fach als beim Lehrer selbst begründet lagen. In seinen Vorlesungen an der Berliner Universität konnte Hegel sich nicht von seinem schwäbischen Dialekt lösen, sagte zum Beispiel statt „etwas" immer „ebbes".

Auch über Uhland kamen Beschwerden. Er schrieb zwar in deutscher Hochsprache, schwätzte aber schwäbisch und liebte es, Häslich für Heslach, Meiringen für Möhringen und Neckardolfingen für Neckartailfingen zu benutzen. Nicht jedem gefiel das, und so schimpfte der Zuhörer einer Lesung, Uhland habe „mit so widerwärtig schwäbelndem Akzent" gesprochen, daß das „schöne und erhabene Gedicht" damit verhunzt worden sei. Aber das war eben ein Norddeutscher. In Tübingen jedenfalls füllten sich die größten Hörsäle mit begeisterten Studenten, die förmlich an des Meisters Lippen hingen. „Das müßte eine Lust seyn, von ihm zu lernen. Ich beneide jeden Tübinger Studio", heißt es so in einem Brief, und viele erinnerten sich an Uhlands besondere Freude über des Volkes Humor, der nicht selten gerade im schwäbischen Dialekt wurzelte.

Manchmal allerdings benötigte Uhland auch den schwäbischen Dialekt, um Klarheit zu schaffen. Ein Freund berichtet, der im Tübinger „Museum" gemütlich beim Wein sitzende Uhland habe einen Polizisten als „Befehlerle" bezeichnet, als dieser an die Polizeistunde erinnerte. Unter einem Schwall von schwäbischen Grobheiten soll Ludwig Uhland ihn zur Tür gejagt haben.

Annette von Droste-Hülshoff

Schon oft hatte Ludwig Uhland seinen Freund und Mitstreiter in Sachen „Mittelalter", Joseph von Laßberg, am Bodensee besucht. Aber erst im Jahre 1841 trifft er in Meersburg dessen Schwägerin, die noch unbekannte Dichterin Annette von Droste-Hülshoff, die der „Altertümelei" der zwei begeisterten Mittelalterforscher wenig abgewinnen konnte: „Wir haben uns mit den Nibelungen zu Tisch gesetzt und sind mit ihnen aufgestanden." Uhlands Aussehen bezeichnet sie als „keineswegs vorteilhaft", war aber gerührt von seiner bescheidenen Güte und Einfachheit.
Laßberg interessierte sich nicht für die schreibende Schwägerin. Uhland auch nicht. Ob er sich über seine später berühmte Kollegin, deren „Judenbuche" zuerst in Cottas „Morgenblatt" erschien, jemals geäußert hat, ist nicht bekannt. Annette von Droste-Hülshoff aber, die mit sezierendem Blick beobachtete und ihre spitzen Bemerkungen keineswegs für sich behielt, rechnete Uhland zu den „angenehmen Bekanntschaften" ihres Lebens.

Luise Duttenhofer

Ludwig Uhland arbeitet immerzu: Er verhandelt, diskutiert, denkt nach, formuliert, schreibt, dichtet, liest – und so hat ihn die schon zu Lebzeiten bekannte Scherenschneiderin Luise Duttenhofer aus Stuttgart im Jahre 1817 auch dargestellt. Viele ihrer Arbeiten zeigen Porträts berühmter Persönlichkeiten oder Szenen des täglichen Lebens, die die Künstlerin oft mit satirischem Humor in die Nähe der Karikatur stellt. „Ausschnitt von Duttenhoferin", notiert Uhland über eine Sitzung bei der Künstlerin in sein Tagebuch – ihr Scherenschnitt des ernsten und rechtschaffenen „Dr. Uhland" hat nichts, was an Karikatur erinnert. Luise Duttenhofer zeigt Uhland konzentriert lesend – also mitten in der Arbeit.

E

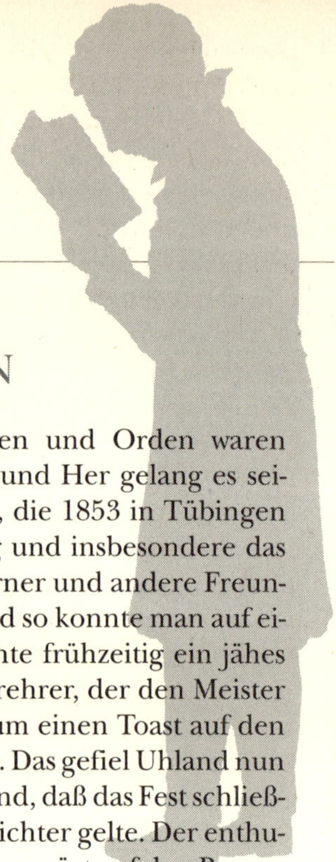

Ehrungen

Menschenmengen, Festivitäten, Ehrungen und Orden waren nicht Uhlands Sache. Nach langem Hin und Her gelang es seiner Frau, ihn trotzdem dazu zu bewegen, die 1853 in Tübingen stattfindende Naturforscherversammlung und insbesondere das abendliche Fest zu besuchen. Justinus Kerner und andere Freunde Uhlands wurden ebenfalls erwartet, und so konnte man auf einen netten Abend hoffen. Der aber drohte frühzeitig ein jähes Ende zu nehmen. Ein fremder Uhlandverehrer, der den Meister nicht von Angesicht kannte, erhob sich, um einen Toast auf den berühmten Sohn der Stadt auszusprechen. Das gefiel Uhland nun gar nicht, und er entgegnete zurechtweisend, daß das Fest schließlich den Naturforschern und nicht dem Dichter gelte. Der enthusiastische Uhlandfan war entrüstet, zeigte empört auf den Banausen und rief: „Werft doch den Kerl zur Tür hinaus!“ Das Fest soll in ausgesprochen lustiger Stimmung weitergegangen sein.

„Erdbieren“

Ohne seine Emilie ging Ludwig Uhland gar nicht gerne auf Reisen. Im Sommer 1858 aber machte er sich trotzdem allein auf den Weg; ein Besuch des Bodensees stand auf seinem Plan. Der Weg dorthin führte ihn über Rottweil.

Uhland übernachtete auf der Zwischenstation in Rottweil im „Wilden Mann“. Das Essen der Chefin des Hauses, der Witwe Burkhard, schmeckte den Gästen, die alle in dem heute noch erhaltenen Fremden- und Rechnungsbuch verzeichnet sind. So ist dort auch zu lesen, daß sich der Gast Uhland am 23. August 1858 Beefsteak und Kartoffeln servieren ließ. Vom Sohn der Witwe Burkhard wurde dabei ein kulinarisches Zwiegespräch mitangehört und später gerne als Erinnerung an den berühmten Besucher des Hauses weitererzählt. Auf die Frage, ob Uhland seine Kartoffeln in der Montur oder bereits geschält wünsche, habe er geantwortet: „Aber wo denken Sie hin, liebe Frau, bei den teuren Zeiten wärs doch eine Sünd, auch noch die Erdbieren zu schälen."

Erfolg

Für Friedrich Hebbel war er „der einzige Dichter, von dem ich ganz gewiß weiß, daß er auf die Nachwelt kommt." Genau das aber schien zunächst höchst unwahrscheinlich, denn niemand wollte Uhlands Poesie drucken. „Du wirst mich auslachen, wenn ich Dir schreibe, daß ich meine Gedichte Cotta zum Verlag angeboten" habe, schrieb Uhland an Kerner. Der war dann allerdings eher betrübt, als daß er lachte, denn der berühmte Stuttgarter Verleger schickte dem Freund eine Absage. Auch der Heidelberger Verlag, dem das nächste Päckchen Gedichte aus Tübingen zuging, sagte ab und war schon vor 190 Jahren überzeugt vom kurz bevorstehenden Untergang des Buchhandels, traute sich deshalb nicht, etwas Neues anzupacken. „Entsetzlich niederschlagend" sei die letzte Messe gewesen und „trostlos die Aussichten". Erst drei Jahre später wagte Uhland eine neue Anfrage. Diesmal kam die gefürchtete Absage aus Karlsruhe. Wieder drei Jahre später: erneute Anfrage bei Cotta. Der Bittsteller Uhland ist überzeugt von seinen Arbeiten: „Schaffen soll der Dichter, Neues hervorbringen, nicht bloß leiden und das Gegebene beleuchten", meinte Ludwig Uhland und überzeugte mit seinen Gedichten endlich den Verleger Cotta. Er nahm Uhlands Texte zur Veröffentlichung an.

Daß der hoffnungsfrohe Jungdichter allerdings auch gleich um einen beträchtlichen Vorschuß bittet, macht Cotta „etwas spitzig". Aber sein Verleger-Riecher war mal wieder glänzend. Ludwig Uhlands „Gedichte" werden zum Bestseller: Im Jahre 1858 erscheint bereits die 39. Gesamtauflage.

F

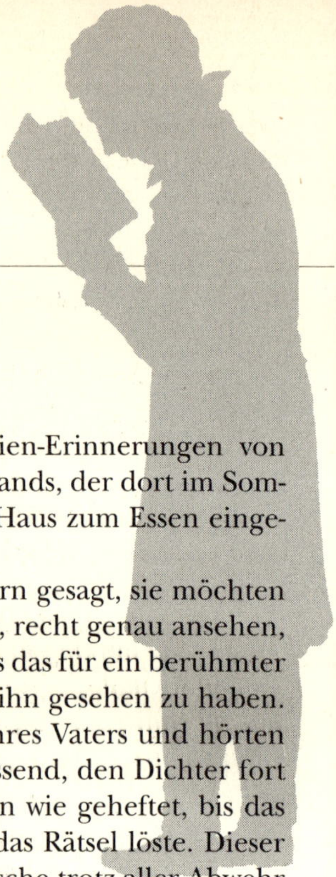

Fans

Ein Augenzeuge berichtet in seinen Wien-Erinnerungen von einer ganz besonderen Fangemeinde Uhlands, der dort im Sommer 1838 in einem literaturbegeisterten Haus zum Essen eingeladen war.

Der Hausherr „hatte früher seinen Kindern gesagt, sie möchten den Herrn, der zu Tische kommen werde, recht genau ansehen, sie könnten jetzt noch nicht begreifen, was das für ein berühmter Mann sei, aber einst werde es sie freuen, ihn gesehen zu haben. Die Kinder folgten genau der Weisung ihres Vaters und hörten nicht auf bei Tische, fast das Essen vergessend, den Dichter fort und fort zu betrachten; ihre Augen waren wie geheftet, bis das Uhland auffiel und der Wirt dem Gaste das Rätsel löste. Dieser war hoch erfreut, ließ die Kinder nach Tische trotz aller Abwehr der Eltern an sich heranklettern und wurde nicht müde, mit ihnen zu spielen und zu lachen".

Frankfurter Nationalversammlung

Am 30. März 1848 treffen sich 511 Männer in der Frankfurter Paulskirche. Die ehemaligen oder derzeitigen Abgeordneten der verschiedenen deutschen Länder sind von einem Siebener-Ausschuß gerufen worden, um sich der Angelegenheit „Gesamtdeutsches Parlament" zu widmen. Ludwig Uhland gehört dazu.

Einige Tage zuvor ist er nach Frankfurt gereist und kann seine Frau in einem ersten Brief beruhigen. „Meine Reise hierher ist gut

von Statten gegangen.“ Am Ziel erwartet ihn ein Volk in Feststimmung. „Frankfurt schwimmt in Schwarzrotgold“, heißt es in der „Mainzer Zeitung“ über die Freude und den Jubel der Menschen, daß sich endlich etwas tut. Für die Männer der Paulskirche ist ihre Hoffnung – dieser „Frühlingstraum des Jahres 1848“, wie Uhland es nannte – eine nur schwer zu lösende Aufgabe. Ihre politischen Ansichten gehen zwischen den unbeweglichen Reaktionären und den radikalen Lösungsvorschlägen der anderen Seite weit auseinander, was schon in den ersten Tagen zu heftigen Disputen führt. Ludwig Uhland allerdings schreibt seiner Emilie lediglich, die Verhandlungen seien „belebt“ gewesen. Schon wenige Tage nach diesem Aufbruch in eine hoffentlich neue Zeit, werden die Verhandlungen in der Paulskirche unterbrochen. Uhland rechnet nicht damit, noch lange in Frankfurt zu sein. Die Parlamentsarbeit liegt ihm nach den Stuttgarter Erfahrungen sowieso nicht mehr, und er blickt mit Unbehagen auf diese Jahre zurück: „Die einfache Ursache davon ist, daß Politik, Staatsrecht, Rechts- und Staatskunde nie meine Lebensaufgabe waren, nur als Freiwilliger, als Bürger, als Einer aus dem Volke trat ich an. Allerdings ist jetzt wieder ein Augenblick des Umschwungs vorhanden, eines gewaltigen Umschwungs.“ In solchen Zeiten suchen die Menschen nach Sicherheit. Im Wahlbezirk Tübingen-Rottenburg genießt Uhland höchste Anerkennung und Wertschätzung, die Bürger vertrauen ihm. Und so wählen sie in dem Gefühl, den Richtigen als Vertreter ihrer Angelegenheiten nach Frankfurt zu schicken, Ludwig Uhland am 26. April 1848 in die Frankfurter Nationalversammlung.
Schon vorher war Uhland bewußt, wie sehr er seine Frau vermißte. Seine Aufforderung, recht bald nachzukommen, „ist recht meines Herzens eigenstem Wunsche begegnet, es hat in den letzten Tagen oft in mir gekämpft, ob ich nicht eben rasch mich aufmachen und Dich überfallen solle“, antwortet Emilie und packt die Koffer.
Sie reist in eine interessante Stadt. Schon 30 Jahre vorher hatte Johanna Schopenhauer geschwärmt: „Frankfurt ist jetzt nicht nur eine der reichsten, auch eine der schönsten Städte in Deutschland. Große palastähnliche Häuser der reichen Bewohner ziehen sich in langen Reihen durch viele Straßen hin, und auch die bescheidenen Wohnungen des Mittelstandes erscheinen zierlich,

anständig, und zeugen von frohem Lebensgenuß." 1848 hat sich das nicht geändert: „Die ganze äußere Erscheinung Frankfurts macht den Eindruck eines regsamen tüchtigen Bürgerlebens und eines durch alle Klassen verbreiteten Wohlstands", notiert Karl Baedeker. Und wenn Emilie Uhland einmal nicht auf den Zuschauerrängen der Paulskirche saß, um die politischen Verhandlungen über Deutschlands Zukunft aufmerksam zu verfolgen, mag sie vielleicht bei einem kleinen Bummel Johanna Schopenhauers Eindrücke bestätigt gefunden haben. „Glänzende Magazine und Laden, angefüllt mit allem, was das Leben zum Schmuck und zur Erhaltung erfordert, nehmen den Erdstock fast aller Häuser ein."

Bevor Emilie Uhland zu ihrem Mann nach Frankfurt reiste, hatte sie ihm geschrieben: „Es macht mich wie eifersüchtig, wenn Du ein so ernstes Stück Leben ohne Deine Hälfte durchleben sollst, also dann auch Erinnerungen, ernste wie erhebende, haben sollst, die ich nicht mit haben könnte." Davon ist kurze Zeit später keine Rede mehr, Ehepaar Uhland bleibt bis zur Auflösung des Parlaments zusammen in Frankfurt. Der Abgeordnete Uhland des Wahlkreises Tübingen-Rottenburg, dem es stets wichtig war zu betonen, er sei ein Volksvertreter, trifft in der Paulskirche mit Kollegen aus Baden, Friesland, Pommern, der Steiermark und allen anderen deutschen Ländern zusammen. Bemerkenswert an den Herren ist, daß sie alle ein gemäßigtes Verhandlungsklima bevorzugen, gehören sie doch durchweg nicht zu den Revolutionären ihrer Heimatländer, sondern eher zu den Erfahrenen und Arrivierten, die mit Maß und Überblick an die Akte „Deutschland" gingen. Ihre Aufgabe, der Zweck des Zusammenkommens: „Wir sollen schaffen eine Verfassung für Deutschland, für das gesamte Reich." Was Heinrich von Gagern als Präsident der Nationalversammlung so schlicht formulierte, stellte die Abgeordneten vor eine Aufgabe von ungeahntem Ausmaß.

Innere und äußere Widrigkeiten gehörten zum alltäglichen politischen Geschäft. Das Gebäude, in dem sämtliche Verhandlungen, Gespräche und Absprachen stattfinden mußten, konnte diese Anforderungen nicht erfüllen. Die Paulskirche war, wie der Name schon sagt, eine Kirche. Und trotz ihrer Modernität natürlich nicht auf die Aufgabe als Ersatzparlamentsgebäude eingerichtet:

Ludwig Uhland als Abgeordneter
in der Nationalversammlung in Frankfurt.

„Die Paulskirche ist das abscheulichste Lokal, das es geben kann; man versteht kaum das dritte Wort, sieht ins volle Licht, steckt in einer schauderhaften Atmosphäre und hat dazu die geistige Anspannung. Um 3 Uhr kommen wir heraus wie gerädert." Aus

Platzmangel verlegten die Abgeordneten ihre Zwischenbesprechungen in Nebenzimmer von Gasthäusern, wo es bei Wein, Zigarrenqualm und Wurstbroten manchmal heftig zugegangen sein soll. Andere verlegten ihre Kleinkonferenzen aus Zeitmangel und um einen kühlen Kopf zu behalten, lieber gleich vor die Tore der Kirche – auch wenn es regnete. Ludwig Uhland erschien in Frankfurt wie früher in Stuttgart gewissenhaft zu allen Sitzungen. „Uhland sprach selten, er saß meist mit verschränkten Armen da, den Kopf zurückgelehnt, treu zuhörend", erinnerte sich ein Kollege. Und ein anderer berichtete: „Uhland tritt selten als eigentlicher Redner auf; er muß, um zu wirken, ganz von der Fülle des Gegenstandes hingerissen sein; mehr wirkt er durch seine Gesinnung und Stellung. Seine eingestreuten Bemerkungen sind scharf, oft mit einer bittern Spitze. Man rühmt von ihm als Sprecher, daß er, feind allem nur hohlen Reden, das Wort ergreift, wenn er etwas vorzubringen hat, was ein Gewicht in die Schale legt." Mit zwei Reden tritt Ludwig Uhland im Frankfurter Parlament hervor. Nicht die Kunst der Rhetorik, sondern die Inhalte bleiben den Anwesenden im Gedächtnis, denn „oft war es freilich quälend für die Zuhörer, den mühsam schleppenden und monoton vorgebrachten Argumenten zu folgen." Bei der Frage des zukünftigen Verhältnisses der Donaumonarchie zum übrigen Deutschland, das heißt, ob Österreich im zukünftigen deutschen Reich ein- oder ausgeschlossen wird, hält Uhland seine berühmt gewordene Rede und setzt sich für die großdeutsche Lösung ein. Er möchte „das bisherige österreichische Bundesgebiet durchaus nicht von der neuen deutschen Einigung ausgeschieden wissen", läßt er seine Rottenburger Wähler, die noch vor einer Generation zu Österreich gehört hatten, wissen.Uhland arbeitet nicht nur in Frankfurt, er lebt auch dort. Und so besucht er zusammen mit Emilie Abendgesellschaften bei Ernst Moritz Arndt, macht Ausflüge und seine Forschungen zum deutschen Volkslied verliert er auch nicht ganz aus den Augen. Der Besuch von Freunden und „lange Berichte, die er für die morgige Sitzung noch durchstudieren muß, lassen meinen Mann heute nicht zum Schreiben kommen", fügt Emilie dem Brief an Karl Mayer nach Tübingen als Erklärung dafür hinzu, daß Ludwig nicht selbst schreibt. Sie hat eine „neue, behaglichere Wohnung" in Frankfurt gefunden und unterstützt ihren Mann, wo sie kann. Manchmal aber wird es auch Emilie zu viel: „Es ist in keiner Beziehung angenehm hier für uns. Die Zustände im Parlament nehmen eine immer trübere Gestalt an und das Leben in der Fremde ist in der Winterzeit auch unbehaglicher." Aber die Winterabende bieten auch Gelegenheit zum gemeinsamen Gespräch, das beide so lieben. Sie lassen den Tag Revue passieren, machen Pläne für später und hören einander zu. Sie geben sicher ein harmonisches Bild ab, wie sie da unter der Lampe sitzen.

„Daß Du wenig Zeit für mich haben wirst, erwarte ich wohl, wenn ich aber nur zuweilen Dir in die Augen sehen kann, wird mir wohler sein als hier", hatte Emilie aus Tübingen geschrieben. Über den Verlauf der Verhandlungen in Frankfurt ist sie bestens informiert, und wenn ihr Mann „in dem Gedränge seines hiesigen Lebens" nicht zum Schreiben kommt, dann greift eben sie zur Feder. „Damit Sie doch auch einmal etwas politisch Neues von uns erfahren, will ich Ihnen von der neuen Krise erzählen, in welche hier die Dinge getreten sind", schreibt sie Karl Mayer im Mai 1849. Zu diesem Zeitpunkt hat ihr Mann bereits seine zweite vielbeachtete Rede im Parlament gehalten: „Meine Herren! Wir sind hierher gesandt, die deutsche Einheit zu gründen, wir sind nicht gesandt, um große Gebiete und zahlreiche Bevölkerungen von Deutschland abzulösen." In der Frage des Reichsoberhaupts spricht er sich „klar, zweckmäßig und möglichst kurz" gegen die Erbmonarchie aus, die er für eine „Unverantwortlichkeit" hält. Uhland schlägt vor, Vertreter des Volkes wählen zu lassen. Er schließt mit dem berühmten Satz: „Glauben Sie, meine Herren, es wird kein Haupt über Deutschland leuchten, das nicht mit einem Tropfen demokratischen Öls gesalbt ist!"

Eine Zäsur trat durch den Angriff einer aufgehetzt-tobenden Menge auf das Parlament und seine Abgeordneten ein. Die wirtschaftliche Misere und enttäuschte Hoffnungen machten sich in den Krawallen Luft. Zu Hilfe kommendes Militär konnte die Lage zwar beruhigen, aber der optimistische Schwung der Parlamentarier verebbte. Viele fühlten sich überarbeitet, ausgebrannt und ahnten, daß sie eine kaum zu bewältigende Aufgabe übernommen hatten. Die provokative Erschießung des Abgeordneten Robert Blum in Wien und des preußischen Königs Ablehnung einer

Kaiserkrone aus den Händen der Volksvertreter, „von Bäckers und Metzgers Gnaden“, ließen Hoffnungslosigkeit aufkommen. Enttäuscht fuhren immer mehr Männer dieser ersten demokratischen Stunde des ganzen Deutschland nach Hause. Was Uhland nicht für möglich gehalten hatte, trat ein: Er kehrte noch vor August „in mein Haus und meinen verhagelten Garten“ nach Tübingen zurück. Vorher aber verlegten die letzten Unentwegten – gegen Uhlands Rat – die Reste des Frankfurter Parlaments, das sogenannte Rumpfparlament, nach Stuttgart. Vielleicht hatte er gespürt, daß sich die politische Lage zuspitzen würde und der König reagieren mußte – am 18. Juni 1849 wurde das Rumpfparlament auf dem Weg zu seinem provisorischen Sitzungssaal von herbeireitenden Dragonern auseinandergetrieben.
„Das Gewissen Deutschlands“, wie Ludwig Uhland später von einem Kollegen genannt wurde, zog sich nach Tübingen zurück und hatte für den Rest seines Lebens genug von der Politik. Aus Hamburg schickten einunddreißig Frauen und Jungfrauen an Uhland einen „Glückwunsch, daß der deutsche Dichter mit weißen Locken, aber in jugendlicher Kraft unter den treuen Söhnen seiner Nation steht, die ausgeharrt im Kampfe.“

Freundschaftsdienste

Noch in Ludwigs Geburtsjahr zog Familie Uhland von der Nekkarhalde in die Tübinger Hafengasse, wo seinem Großvater ein Haus gehörte. Im ersten Stock wohnte der „Universitätssecretarius Uhland“ mit Frau und Kindern. Den zweiten bezog der Onkel des kleinen Ludwig; er hieß Gotthold Uhland und war „Doctor der Medicin“. Drei Töchter hatte er mit seiner Frau, wobei die älteste sich der ganz besonderen Zuneigung von Ludwig erfreute. Für sein Lieblingsbäsle war er denn auch bereit, einen gar nicht ihm geltenden Hausarrest auf sich zu nehmen. Hatte „Wilmele“ nämlich etwas angestellt und wurde wegen dieser Untat eingesperrt, dann setzte sich Ludwig einen Stock tiefer auf den Herd seiner Mutter und erzählte seiner Lieblingscousine durch den Schornstein hinauf Märchen, um ihr so die Zeit in ihrem Gefängnis angenehm zu vertreiben.

G

GELD

„Nun gottlob, daß Du wieder in unserer Nähe bist". Mutter Uhland kann aufatmen, denn Ludwig hat die lange Rückreise von Paris bis nach Karlsruhe unbeschadet überstanden. Hinter ihm liegen ertragreiche Monate des Suchens und Forschens. Viele eng beschriebene Blätter bringt er mit nach Tübingen zurück, die ihn in höchstem Maße zum Weiterarbeiten inspirieren. Schreiben, dichten – das ist es, was er möchte. Damit aber ist kein Geld zu verdienen. Der Sohn des Tübinger Universitätssekretärs Uhland ist 24 Jahre alt, und es wird Zeit, für ein eigenes Einkommen zu sorgen. Andere Männer in seinem Alter, wie Justinus Kerner, sind schon längst verheiratet, bekleiden Ämter und Positionen.
„Das Advokatengeschäft habe ich, wie Du weißt, nie aus Neigung betrieben. In beständigem Widerstreit mit meiner Natur verzehrt es mich innerlich, ohne mir auch nur äußerlich eine erträgliche Existenz zu verschaffen", schreibt Uhland 1818 seinem Freund Varnhagen von Ense. Die Arbeit als selbständiger Advokat, eine unbezahlte Stelle im Justizministerium, die Bewerbung um eine Stelle als Professor in Basel und der Plan, die Redaktion einer Frankfurter Zeitung zu übernehmen, haben zu nichts geführt. Mutter Uhland wird ungeduldig. 1815 schimpft sie, wenn ihrem Sohn die ausgeschriebene Stelle als Archivar oder Registrator beim Landtag verweigert werde, „müsse man mit Feuer und Schwert hinter den Minister". Ludwig Uhland geht auf die Dreißig zu, kann beruflich nicht richtig Fuß fassen und schreibt seinen Eltern, ich „muß daher einstweilen sehen, wie ich mich auch ohne weitere Beförderung hier oder anderswo ehrlich fortbringe." Er ist total auf die finanzielle Unterstützung seiner Eltern an-

gewiesen, verfügt über keine eigenen Mittel und klagt in seinem Tagebuch immer wieder über Geldsorgen. „Es fehlt mir besonders das Talent zum Erwerb", weiß er. Es sind keine frohen Jahre für Uhland. Wie Mehltau liegen ihm die Sorgen um seine Zukunft und die ungeliebte Juristerei auf der Seele. Wenn er doch Geld hätte! Dann könnte er sich seiner Dichterarbeit zu- und von den scheußlichen Paragraphen abwenden.

Und da gibt es ja auch noch Emilie Vischer, die er so mag. Aber wie kann Ludwig an eine Ehe überhaupt nur denken, wenn er mittellos ist. Uhlands Schwester Louise schreibt ihm in dieser Angelegenheit einen besorgten Brief, nachdem ihr bekannt wurde, Hofrat Pistorius „wolle seine Tochter Emma keinem andern Manne geben, als der ein bestimmtes Brot habe." Uhland hatte zwar seine „Gedichte" und wenig später „Vaterländische Gedichte" veröffentlicht, wurde auch über des Königreichs Grenzen bekannt, aber dem Herrn Hofrat mag doch etwas anderes vorgeschwebt haben als ein armer Poet Uhland zum Schwiegersohn. „Württemberg müßte sich vor ganz Deutschland schämen, wenn Du nicht als Repräsentant gewählt würdest", schreibt Vater Uhland seinem Sohn im Jahre 1819. Und diesmal helfen die elterlichen Beschwörungen. Als gewählter Abgeordneter Tübingens im Landtag hat Ludwig Uhland mit 32 Jahren zum ersten Mal die berechtigte Aussicht auf eine Zukunft, die dem Schwiegerpapa in spe keine tiefen Sorgenfalten beschert. Am 15. Januar 1820 wird der Landtag eröffnet, Uhland nimmt seine Arbeit auf, und einen Tag später gibt Hofrat Pistorius die Verlobung seiner Stieftochter Emilie mit dem Herrn Abgeordneten Uhland bekannt. Vier Monate später sind sie verheiratet, und der frischgebackene Ehemann kann damit das Wort „Geldmangel" für immer aus seinem Wortschatz streichen. Emilies Vermögen ermöglicht ein sorgenfreies Leben mit einem gut gefüllten Geldbeutel. Gehässigkeiten zu dieser Tatsache ließen nicht lange auf sich warten. Robert von Mohl: „Zunächst habe ich nie anständig gefunden, daß Uhland sich sein Leben lang aus dem Vermögen seiner Frau unterhalten ließ, ohne durch eigene Arbeit etwas beizutragen." Der Neider irrte. Ludwig Uhland erbte nicht nur von seinen Eltern und Verwandten, auch die Honorare für die Miniatur-, Luxus- und Volksausgaben seiner Gedichte konnten sich sehen lassen.

Grab

„Und wenn Gott es anders fügt, so schicke ich mich auch darein, wenn ich auch gerne noch bei Dir geblieben, gerne noch gearbeitet hätte", sagt Ludwig zu seiner Emilie in den letzten Tagen seines Lebens. Durch eine bescheidene Pforte gelangen heute Besucherinnen und Besucher auf den Tübinger Stadtfriedhof, der auf einem leicht ansteigenden Hügel liegt und die Gräber so vieler berühmter Frauen und Männer beherbergt: Friedrich Hölderlin, Kurt Georg Kiesinger, Isolde Kurz, Josephine Lang, Carlo Schmid, Friedrich Silcher und Ottilie Wildermuth.
Auch Ludwig Uhland liegt auf diesem Friedhof, den sein Onkel, der Oberamtsarzt Gotthold Uhland, 1829 angelegt hatte. Da waren schon 17 Jahre vergangen, seit der nun 25jährige Ludwig Uhland im März 1812 in melancholischer Stimmung geschrieben hatte:

Bitte setzt mir nur einen blanken Stein,
Nicht Bilder drauf noch Worte drein,
Doch sollt ihr ihn nach Osten kehren,
So wird ihn Morgenrot verklären.

Seiner Bitte wurde entsprochen; der aus rötlichbraunem Granit bestehende Grabstein zeigt nach Osten, woher morgens die ersten Sonnenstrahlen auf Uhlands letzte Ruhestätte fallen. Unter einer Sternenrosette steht schlicht nur der Name des Dichters. Das Grabmal paßt in seiner Schlichtheit zu dem Mann, an den es erinnern soll.
Ludwig Uhland ist in seinem Haus in Tübingen gestorben. Der mit zwölf Lorbeerkränzen, Palmzweigen und schwarz-rot-goldenen Bändern geschmückte Sarg wurde unter großer Anteilnahme der Bevölkerung aus dem Haus getragen und auf dem vierspännigen Leichenwagen zum Friedhof gefahren. Ein großer Trauerzug folgte: vier Burschenschaften, die Professoren der Universität, Mitglieder des Königlichen Gerichtshofes und der Ständekammer, Abgesandte von Körperschaften, Städten und Vereinen, dem Schwäbischen Sängerbund, der Feuerwehr und zahlreiche Bürger. Eine Delegation der württembergischen Regierung suchte man unter den Trauernden vergeblich. Auf dem Friedhof nah-

men Burschenschafter den Sarg vom Wagen und trugen ihn auf den Schultern zum Grab. Gesänge, Reden und ein letzter Nachruf seines alten Freundes Karl Mayer – Ludwig Uhland wurde unter großer Anteilnahme und in Verehrung zu Grabe getragen. Mit dem Senken der Fahnen über seiner letzten Ruhestätte verabschiedeten sich die Menschen von einem Mann, der für sie zum Symbol des deutschen Nationalgefühls geworden war.

Trauerbekundungen und Beileidsbriefe in großer Zahl treffen in der Gartenstraße ein. Ungebetene Gäste stehen auch schon bald vor der Tür. „Wenn ich sehe, wie Frau Uhland geplagt ist mit dem Ruhm ihres Mannes, wo eine andere Witwe in der Stille ihrem Leid leben darf!“ Buchhändler, Schriftsteller, Verleger, Bildhauer – alle belagern Emilie Uhland mit Forderungen, Bitten und Vorschlägen. „Sie ist oft ganz dahin und ratlos“, merkt die Nachbarin Ottilie Wildermuth.

Emilie Uhland schließt die Biographie ihres Mannes mit den Worten: „Am 13. November 1862 Abends um neun Uhr verließ der unsterbliche Geist die müde Hülle.“ Die Beerdigung ihres „lieben Uhland“ nimmt sie in ihre Erinnerungen auf, ohne weitere Ausführungen. Sieben Jahre später schreibt sie über den Geburtstag ihres verstorbenen Mannes: „Ich habe den Tag recht in der Stille zugebracht, morgens an Uhlands Grab und Mittags auf einem großen Spaziergang ganz allein. Die Blütenpracht mahnte mich recht wie er sich sonst darüber gefreut hatte.“

1881 starb Emilie Uhland in Stuttgart und wurde am 7. Juni neben ihrem Mann feierlich beigesetzt.

„Gsälzbröder“

Das kleine Bübchen Ludwig und der 75jährige alte Herr: Vieles mag sich da im Laufe eines Lebens verändert haben, manches hat Uhland sich – auch selbstkritisch – vielleicht an- oder abgewöhnt. Sein typisches schweigsames In-sich-gekehrt-sein, die schüchterne Zurückhaltung aber, die legte er ein Leben lang nicht ab.

Seine Mutter, die liebenswürdige und lebenskluge Rosine Elisabeth Uhland, machte sich aus diesem Grund auch schon frühzeitig Sorgen um ihren Sohn. Sie fürchtete, er könnte zum Eigen-

Tuschezeichnung von Uhland
als Student um 1805, angefertigt nach einem Schattenriß
von seinem Freund Justinus Kerner.

brötler, zum Einzelgänger werden. Aber sie ließ sich etwas einfallen: Mutter Uhland lockte mit einem Spezial-Vesper die Klassenkameraden Ludwigs in der Lateinschule ins Haus, wo Ludwig nach dem Tod seines fröhlichen und beliebten Bruders oft nachdenklich-still und allein für sich saß. „Mit großen und wohlbestrichenen Gsälzbrödern“ erschien sie jedesmal, wenn Klassenkameraden und Freunde ihren Sohn besuchten. Das kulinarische Angebot der Uhlandin sprach sich bei den Tübinger Jungs schnell herum, und Ludwig hat noch als Student oft mehr Gesellschaft zu Hause, als ihm wohl manchmal lieb war.

H

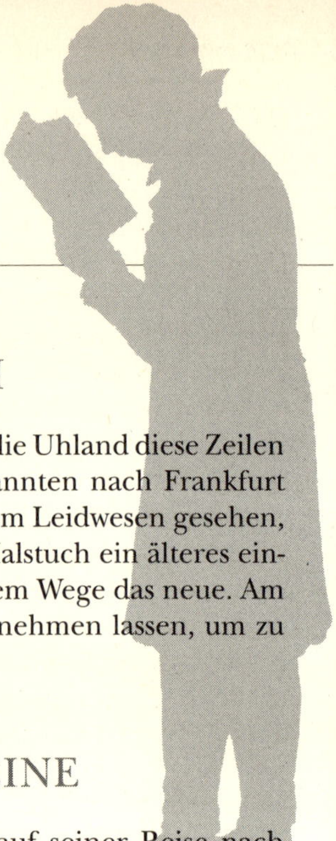

Halstuch

Schon 28 Jahre sind sie verheiratet, als Emilie Uhland diese Zeilen und das vertauschte Halstuch einer Bekannten nach Frankfurt mitgibt: „Da ich nun dieser Tage zu meinem Leidwesen gesehen, daß ich Dir statt einem neuen seidenen Halstuch ein älteres eingepackt habe, so erhältst Du nun auf diesem Wege das neue. Am liebsten hätte ich mich selbst von ihr mitnehmen lassen, um zu sehen, wie es Dir Geliebter geht."

Heinrich Heine

Mancher ist froh, daß Heinrich Heine auf seiner Reise nach Italien nicht in Württemberg Station machte und auch danach nicht mehr kam. Vielleicht wäre sonst Ähnliches in den Geschichtsbüchern über die Schwaben gestanden wie über die Tiroler, von denen Heine sagte, sie seien „schön, heiter, ehrlich, brav und von unergründlicher Geistesbeschränktheit". Aber ganz verschont blieben die Schwaben trotzdem nicht, so wie auch kein König, Künstler oder Kollege vor dem grimmigen Spötter und geschliffenen Kritiker Heinrich Heine sicher war. Mit sezierendem Blick charakterisierte er seine Zeit, in der er zwar lebte – aber nicht dachte. Das Biedermeier, diese Epoche der Plüschsessel und ritualisierten Innerlichkeit, hatte mit ihm nichts zu tun. Über Uhland schrieb Heine: „Er ist der Stolz des glücklichen Schwabenlandes, und alle Genossen deutscher Zunge erfreuen sich dieses edlen Sängergemütes." Die Freunde Uhlands, Kerner und Schwab, kamen schlechter weg. Er verspot-

tete sie als die „Kleindichter aus Schwaben". Karl Mayer „... ist eine matte Fliege und besingt Maikäfer", und er sei sehr berühmt „in der Umgebung von Waiblingen".
Uhland dagegen hielt er für den letzten Repräsentanten der romantischen Schule, auch wenn er in dessen Gedichten zum Mittelalter eine „kränklich sentimentale Melancholie" spürte. Heine verschonte aber auch ihn nicht und schrieb, Uhland sei „längst tot" und sein besonderes Verdienst bestehe darin, „daß er seinen Tod wohl begriffen und seit zwanzig Jahren nichts mehr geschrieben hat". Abseits all dieser Kollegenhäme und Zeitkritik finden sich in „Uhlands Briefwechsel" unerwartete Zeilen von Heinrich Heine: „Die Liebe mit welcher ich Ihre Schriften gelesen, und, wie Sie vielleicht erkennen werden, in mich aufgenommen, die Aehnlichkeit der Gesinnung sowohl im Leben als in der Kunst, so wie auch die Anregung gemeinschaftlicher Freunde, bestimmen mich dazu Ihnen in der Uebersendung des beykommenden Buches ein äußeres Zeichen meiner Verehrung zukommen zu lassen. Ihr ergebener H. Heine".
Sie gehörten der gleichen Generation an, lebten völlig verschiedene Leben, in ihrer Arbeit als Schriftsteller finden sich nur wenige Parallelen und für die Nachwelt ist es überraschend, sie auf einer Zeitebene zu sehen. Aber eines verband Heinrich Heine mit Ludwig Uhland – und er drückte es mit dem Geschenk seiner Gedichte aus: er hatte Hochachtung vor Uhlands politischer Haltung.

Hochzeit

„Etwas Schriftliches über diese, den Freund beglückende Begebenheit findet sich in meinen Papieren nicht", bestätigt Karl Mayer, einmal mehr Zeuge von „Uhlands Kargheit im Briefschreiben", selbst wenn es um seine eigene Hochzeit geht. Der glückliche Bräutigam notiert für den 29. Mai 1820 in seinem Tagebuch: „Mein Hochzeitstag. Vormittags Besuch bei Emma. Sitzung. Mittagessen bei Pistorius. Nachmittags Trauung. Pistorius Garten mit dem Vater, Oncel von Feuerbach, Meyer. Hochzeitsschmaus bei Pistorius, Gedicht von Schwab, Nachtmusik."

Ludwig und Emilie Uhland auf einer Fotografie aus dem Jahr 1846. Die Aufnahme entstand in Frankfurt, im Hintergrund ist die Stadt zu erkennen.

Kurz und bündig, eingeschoben zwischen zwei Sitzungen im Landtag, so verläuft Emilie Vischers Verwandlung in „Frau Dr. Uhland". Sie hat es gewußt, der Bräutigam hat es rechtzeitig angekündigt, nur wegen der Hochzeit wird keine Sitzung geschwänzt. Immerhin, abends gibt's den Hochzeitsschmaus im Haus des Stiefvaters – und man darf sich eine reichgedeckte Tafel denken. Erlesene Speisen, besonderes Naschwerk, üppiger Blumenschmuck, Musik, Festkleider, Trinksprüche, Gedichte, aufgeregte Brautjungfern und würdige Herren stellen die unverzichtbaren Accessoires einer Hochzeit dar. Das gering ausgebildete Mitteilungsbedürfnis des Bräutigams, über das Familie und Freunde so oft geklagt hatten, läßt uns auch sonst über vieles im Unklaren.

Der Verlauf des Hochzeitsfestes gehört zu den ungeschriebenen Erinnerungen des Ehepaares Uhland. Da bringt ein Hauch von Indiskretion die Blätter seines Tagebuchs fast schon zum aufgeregten Flattern, wenn Uhland für den Tag nach Trauung und Hochzeitsnacht vermerkt: „Häusliches Glück".

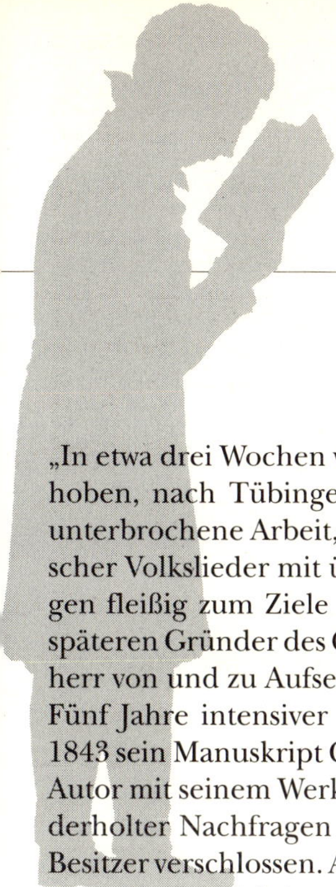

I

Interesse

„In etwa drei Wochen werde ich, dem landständischen Beruf enthoben, nach Tübingen zurückkehren und denke dann meine unterbrochene Arbeit, Herausgabe einer Sammlung älterer deutscher Volkslieder mit übersichtlicher Einleitung und Anmerkungen fleißig zum Ziele zu führen“, kündigt Ludwig Uhland dem späteren Gründer des Germanischen Museums in Nürnberg, Freiherr von und zu Aufseß, an.

Fünf Jahre intensiver Arbeit sollen noch vergehen, bis Uhland 1843 sein Manuskript Cotta vorlegen kann. Ganz zufrieden ist der Autor mit seinem Werk nicht, denn viele Lieder blieben trotz wiederholter Nachfragen und Bitten in den Sammlermappen ihrer Besitzer verschlossen. Aber irgendwann muß Schluß sein, und Uhland, dem es wichtig war, „zu retten, was noch zu retten ist“, meint etwas enttäuscht: „Allein ich weiß nirgend weiter anzuklopfen und gebe nun was ich geben kann.“ Genau darauf wartet die gelehrte und interessierte Welt – endlich eine Sammlung der deutschen Volkslieder. Jahrelang hatte man gedacht, ein anderer würde diese Aufgabe in Angriff nehmen. Freiherr von Meusebach aus Berlin besaß die umfassendste Sammlung überhaupt, und Uhland hoffte gegenüber seinem Freund Laßberg: „Möchte er endlich für das deutsche Volkslied leisten was Engländer, Dänen, Schweden, längst für das Ihrige getan.“ Meusebach tat es nicht.

„Volkslieder sind keine Monopole“, schimpfte Ludwig Uhland, wenn er an diesen Schatz dachte, der „im Dämmerlicht eines Märchens“ lag. Aber Freiherr von Meusebach war nicht das einzige Ärgernis. Für Uhlands Liederforschung gab es bisher kaum gedruckte Vorarbeiten, auf die er zurückgreifen konnte. Das erfor-

derte eine intensive Sucharbeit, die in zahlreiche Bibliotheken Europas führte, Emilies tatkräftige Unterstützung beim Abschreiben benötigte und einen ausgedehnten Briefwechsel mit Professoren, Sammlern, Antiquariaten, Kollegen und Archiven nach sich zog. Das emsige Suchen des Tübinger Dichters und Forschers sprach sich herum in den deutschen Ländern, und selbst aus Lindholm in Nordfriesland erhielt Uhland von einem jungen Pastor Zeugnisse alt-friesischer Volkspoesie zugeschickt. Auch Annette von Droste-Hülshoff konnte helfen. Ein Freund kann Uhland 1842 eine größere Anzahl von Volksliedern schicken, „die ihm Fräulein Droste diktirt" und die sie „meist in ihrer Jugend gelernt hat". Ohne die Übermittlertätigkeit eines Dritten wäre Uhland vielleicht nicht an diesen kleinen Schatz von 30 Liedern gekommen, denn das fragend-forschende Zugehen auf Menschen lag nicht in seinem Naturell. Ludwig Uhland scheute sich, den Weg der Brüder Grimm zu gehen, die ihre Märchen vor allem aus den Erzählungen von Frauen zusammengetragen hatten. Uhland blieb zu distanziert, vernachlässigte aber dadurch die Möglichkeiten, die die mündlichen Überlieferungen boten. Er forschte fast ausschließlich in schriftlichen Quellen.
„Ich freue mich ... auf die Sammlung von Volksliedern", schrieb Wilhelm Grimm 1839 seinem Kollegen. Uhlands erste Begegnung mit diesem Stück Geschichte hatte 1806 in der Stube eines Schweizer Schusters stattgefunden. Während sein Stiefel geflickt wurde, schrieb er aus des Schuhmachers Sammlung zwei Balladen ab. Die Arbeit, die nun nach abgeschlossener Sammeltätigkeit ab 1840 vor Uhland lag, war von wesentlich größerem Ausmaß als das bloße Abschreiben. Die Fülle des zusammengetragenen Materials mußte gesichtet, verglichen, ausgewertet, derb-anstößige Zeilen geändert und vieles zum Verständnis kommentiert werden. Als Ergebnis konnte Cotta 1844/45 ein zweibändiges Werk vorstellen, das seinesgleichen suchte und erst im folgenden Jahrhundert durch eine Neubearbeitung übertroffen wurde. Nach 15jährigem Quellenstudium erschienen Ludwig Uhlands „Alte hoch- und niederdeutsche Volkslieder" – eine Fundgrube für Rätsel, Tier- und Tageslieder, Trink-, Zech- und Tanzlieder, Balladen und Lieder aus der Sagen- und Märchenwelt.

Ludwig Uhland.
Scherenschnit von Luise Walther.

Interesse und Liebe zur Poesie des Volkes machte „einen herrschenden Grundzug seines Wesens und Schaffens“ aus, und so war aus dem jugendlichen Dichter solch bekannter Volkslieder wie „Droben stehet die Kapelle“ und „Ich hatt eine Kameraden“ der Forscher Uhland geworden, dessen Quellenstudium zu diesem Bereich doppelt so umfangreich war wie zu allen seinen anderen Projekten zusammen.

J

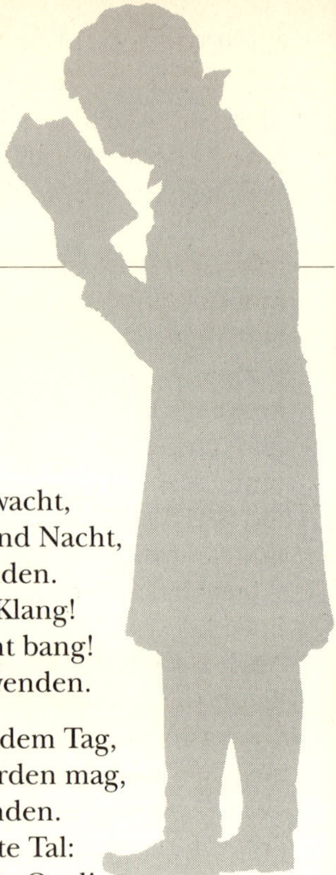

Jugend

Frühlingsglaube

Die linden Lüfte sind erwacht,
Sie säuseln und weben Tag und Nacht,
Sie schaffen an allen Enden.
O frischer Duft, o neuer Klang!
Nun, armes Herze, sei nicht bang!
Nun muß sich alles, alles wenden.

Die Welt wird schöner mit jedem Tag,
Man weiß nicht, was noch werden mag,
Das Blühen will nicht enden.
Es blüht das fernste, tiefste Tal:
Nun, armes Herz, vergiß die Qual!
Nun muß sich alles, alles wenden.

Ludwig Uhland und Bettina von Brentano, verheiratete von Arnim: Als Kinder des Frühlings werden sie beide im April geboren, Bettina 1785, Ludwig zwei Jahre später. Von der Französischen Revolution bis in die Mitte des 19. Jahrhunderts reicht ihre Lebenszeit, und sie gehören der gleichen Generation an. Bettina stirbt mit 74, Ludwig im Alter von 75 Jahren, beide in der winterlichen Jahreszeit. Ludwig Uhlands Jugendjahre – wir fragen nach dem Bemerkenswerten dieses Lebensabschnitts. Ein vergleichendes Stimmungsbild mit Bettinas Jungmädchenzeit kann als verknüpfende Gegenüberstellung Antwort geben.
Frankfurt, Ende des 18. Jahrhunderts: Nicht nur die Stadt der Kaiserkrönungen und des Handels, auch die von Kunst und Kultur.

Goethe hört als Kind den großen Mozart spielen; die spätere Königin Luise von Preußen erlebt die Thronbesteigung des letzten Kaisers des Heiligen Römischen Reiches Deutscher Nation und tanzt auf rauschenden Festen mit dem späteren österreichischen Staatskanzler Metternich. Das Haus zum „Goldenen Kopf", in dem Bettina von Brentano 1785 zur Welt kommt, ist ein Kaufmannspalast. Er gehört ihrem reichen Vater, der sein Geld nicht nur in Frankfurt, sondern auch in seinen Handelsniederlassungen Mainz und Amsterdam verdient. Wohlhabenheit, die Heirat mit der Tochter von Sophie von La Roche und eine wohlgeratene Kinderschar, die ihn später mit Karl von Savigny, Sophie Mereau und Achim von Arnim verwandt macht, kann nicht darüber hinwegtäuschen, daß der Italiener Brentano ein „Reingeschmeckter" ist. Die Frankfurter Patrizier mögen das nicht und bleiben auf Distanz. Die vielen vornehmen Emigranten aus Frankreich, die in seinem Haus einen nachrevolutionären Salon bilden, tragen dazu noch bei.
Auch im Schwabenland sind die „Reingschmeckten" schnell erkannt und oft verbannt. Damit haben Uhlands in dem kleinen Universitätsstädtchen Tübingen keine Probleme. Ihre Vorfahren bestehen lückenlos aus echten Schwaben, denen sich kein einziger „Zugreister" unterschmuggeln konnte. Im ersten Stock des großväterlichen Hauses in der Hafengasse wächst Ludwig mit seiner Schwester auf; andere Verwandte leben oben und unten. Es sind die Jahre, die Robert von Mohl auch deshalb in Erinnerung blieben, weil es in Tübingen schon in einem Haushalt ein richtiges Sofa gegeben haben soll! Reich ist der Universitätssekretär Uhland nicht, aber die Familie kann gut leben. Allerdings nicht so gut, daß ein angebotenes Stipendium ausgeschlagen werden kann. Die damit verbundene Vorgabe des zu studierenden Faches wird Ludwig Uhlands Leben für Jahre in eine Schieflage bringen. Zu der Zeit aber ist das neue Jahrhundert schon angebrochen und die Kinderzeit vorbei. Für Bettina kündigt sich ein neuer Abschnitt an, als sie 1802 ihren späteren Ehemann Achim von Arnim kennenlernt und ihre Freundschaft mit Karoline von Günderode beginnt. Der Jurastudent Uhland in Tübingen lernt Justinus Kerner und bald danach Gustav Schwab kennen.
Die Jahre davor bedeuten für beide Kinder viel Schweres. Ludwig

verliert seinen Bruder durch eine tödliche Scharlacherkrankung; Bettina erlebt 1792 die Flucht der Familie vor den Franzosen, ein Jahr später stirbt ihre Mutter. Ludwigs Elternhaus gerät nicht ins Getümmel der Weltgeschichte. Aber Frühjahrskuren mit Schlehenblütentee gegen Würmer hinterlassen ein Schaudern in seiner Erinnerung, denn sie hatten ihm „fast den Frühling entleidet", den er doch so besonders liebte. Es ist die Jahreszeit der wieder geöffneten Fenster und der Spiele in den Gassen. In Tübingen ist es ruhig, Weltpolitik wird woanders gemacht; hier bestimmen höchstens die Stadthonoratioren, der Herr Professor, der Advokat, der Apotheker und der Oberamtmann das wenige Ortsgeschehen.

Klein-Ludwig aber ärgert sich ausgiebig, daß er gepuderte Haare, und die auch noch im Zopfband geflochten, tragen muß. Die ledernen Kniehosen finden schon eher Gnade vor seinen Jungenaugen. Mit denen kann man jedenfalls herumtollen und spielen. Lebhaft, „wild und muthig" wie er ist, kann Ludwig „kein Graben zu breit, keine Treppe zum Hinabspringen zu hoch" sein. Bettina in Frankfurt, die wie ihr Tübinger Zeitgenosse als Wildfang gilt, wird die Treppe als Spiel- und Turnplatz gemieden haben. Durch einen Sturz verlor sie dort ihren kleinen Bruder Peter.

Die Sehnsucht nach Natur und freier Landschaft ist ein Gefühl dieser Zeit und ganz besonders bei den Kindern. Als Mädchen, und schon gar nicht, wenn sie aus so einem vornehmen Haus stammt, darf Bettina sich nicht so frei und ungezwungen bewegen wie Ludwig. Aber sie wird ihrem Vater manchen Ausflug abgeschmeichelt haben. Ludwig hat das nicht nötig, er ist ein Junge, für den gelten andere Maßstäbe. Die Tübinger Umgebung wird zum Privatspielplatz des Sohnes vom Universitätssekretär Uhland. Der ist etwas klein für sein Alter, und die Eltern haben nach der schweren Scharlacherkrankung Angst um ihn. Ludwig aber zieht es hinaus ins Freie, und deshalb „unterdrückte er im Zimmer so lange es möglich war, den Husten, um nicht zu Hause bleiben zu müssen." Er verlebt eine geborgene Kindheit, fühlt sich angenommen und geliebt. Mit Schwester Louise und den Eltern lebt Ludwig in glücklicher Eintracht. Die vielen, vielen Briefe der späteren Jahre lassen noch nach 170 Jahren große Herzenswärme und tiefe Zuneigung spüren.

Ludwig Uhland als Kind (um 1793).

Bettina von Brentano hat so etwas nicht erlebt. Sie fühlt sich inmitten der großen Geschwisterschar einsam und verlassen. Der früh verstorbenen Mutter folgt bald eine dritte Frau des Vaters ins Haus. Bettina schließt sich enger ihrer berühmten Großmutter Sophie von La Roche an. Mit ihr besucht sie 1799 Goethe in Wei-

mar und nimmt Eindrücke mit nach Hause, die ihr ganzes Leben prägen werden. Für den 12jährigen Ludwig kommen entscheidende Impulse vom Großvater, genauer, aus dessen großer Sammlung von Büchern, Chroniken und Reiseberichten. Enkel Ludwig liest gerne, stöbert schon früh in alten Aufzeichnungen und mancher, der vorübereilt, sieht ihn schon als Kind im Garten sitzen – vertieft in ein Buch. Fleißig in der Schule ist er auch, das Lernen fällt ihm leicht. Verse, oft lateinische, fließen ihm flott aus der Feder, aber seine Großmutter kommt ja auch aus der berühmten Familie Stäudlin.
Ludwig Uhland erfährt als Kind Bestätigung durch die Liebe und Freude der Eltern über seine Leistungen, die ihn wieder zu neuen anspornt. Bettina dagegen gehört zu den vielen Mädchen ihrer Generation, die sich abgeschoben fühlen, weil sie für eine gute Erziehung früh aus dem Haus gegeben werden. Im Klosterpensionat zu Fritzlar wird sie in Haushaltsführung, Musik, Nadelarbeit, Literatur und Religion unterrichtet. Der Gedanke, eine Universität zu besuchen, wie es für Ludwig in Tübingen selbstverständlich ist, käme einer Revolution gleich. Für Mädchen ist so etwas nicht vorgesehen. Aber Bettina hat Glück mit dem Internat, das ihr Vater für sie ausgewählt hat. Es gilt als modern und aufgeschlossen, strenge Schulmeisterei ist verpönt. Gartenarbeit und Bienenzucht gehören ebenso zum Unterricht wie die Erziehung zu Furchtlosigkeit und Tapferkeit. Erste Schreibversuche sind nicht nur die witzig-pfiffigen Briefe an den Vater, sondern auch eigene Betrachtungen über bestimmte Buchkapitel. 1835, im Alter von 50 Jahren wird sie ihr erstes Buch, „Goethes Briefwechsel mit einem Kinde", veröffentlichen und viele Jahrzehnte später ihr Leben als erfolgreiche Schriftstellerin beenden. Uhlands produktivste Jahre liegen da schon lange hinter ihm, aber Cotta druckt immer noch unentwegt seine „Gedichte", 1834 die achte Neuauflage.

K

Kaffeehaus

Von seinem Parisaufenthalt im Jahre 1810 ist bekannt, daß Uhland gerne gegen 10 Uhr morgens in ein Café ging, um dort zu frühstücken – und weil man dort „die Zeitungen antrifft", wie er seinen Eltern nach Tübingen schreibt. Fast dreißig Jahre später besucht Uhland eine andere Weltstadt – Wien. Dort treffen sich in diesen Jahren Männer und Frauen, die die Geistesgeschichte Europas prägen, die Wien zu einer der Kulturhauptstädte des Kontinents machen werden. Schon 1838 gehören zwei Institutionen untrennbar zur Residenzstadt der Habsburger: Johann Strauß, der Walzerkönig und das Kaffeehaus. Dieses Kommunikationszentrum des Biedermeiers erfreut sich allergrößter Beliebtheit. Die Namen werden Legende: „Kaffeehaus zum goldenen Dattelbaum", „Kaffeehaus Borner", „Kaffeehaus Griensteidl" und das „Central" können sich über mangelnde Gäste wahrlich nicht beklagen. Etwas ganz Besonderes bietet sich den einheimischen und auswärtigen Besucherinnen und Besuchern der Stadt, wenn sie das „Kaffeehaus Silber" in der Plankengasse betreten. Der Wirt heißt Neuner, sein Haus hat jedoch den Namen vom silbernen Kaffeegeschirr und den silbernen Kleiderhaken. Es gilt als das Literatencafé in Wien überhaupt. Neben vielen Berühmtheiten dieser oder kommender Zeiten verkehrt dort auch Nikolaus Lenau. Ihn kennt Ludwig Uhland von den Weinsberger Dichterrunden bei Justinus Kerner. In Wien treffen sie sich wieder. „Es gibt Leute, die mit einem bedeutenden Manne zusammentreffen, ihn sogleich auf Geist und Witz probieren und mit allerlei Schlagworten auf den Busch klopfen, ob nicht ein Haserl herausspringt, ein geistreiches Phraserl?! Das ist lästig und verstimmend, und ihr fandet vielleicht Uhland, als ihr ihn kennen lerntet, bereits übel zugerichtet durch jene Anfragen“, schreibt Lenau an eine Freundin. Uhland liebte, wie wir wissen, das „Bad in der Menge“ überhaupt nicht, wurde deshalb „durch allzuviel huldigenden Andrang verstimmt und konnte sich dann wegen der Zähigkeit seines Charakters nicht mehr freundlich und offen stimmen.“ Aber vielleicht konnte Ludwig ja eine kleine Atempause einlegen und im „Silber“ ein Zurechtrücken der Verstimmung vornehmen. Der Kaffee wurde stark, schwarz und wenig gesüßt gereicht; Zeitungsjournale und vor allem Gesprächspartner standen bei Bedarf ausreichend zur Verfügung. Und wem, wie vielleicht Uhland, nach Gesellschaft nicht der Kopf stand, versteckte sich eben hinter einer Zeitung – und wurde dabei so manches Mal Zeuge erstaunlicher und höchst interessanter Unterhaltungen. Denn nicht nur Literaten, Billardspieler, Musiker und Salontiger gehörten zu den fleißigen Besuchern des beliebten Kaffeehauses. Auch wer irgendwie der Opposition gegen den Regierungskurs nahestand, verkehrte dort ganz bewußt. Das machte diesen Ort nun allerdings bei der Polizei so unbeliebt, wie es bei den anderen beliebt war. Suspekt, wie sich da zwischen Kaffeetasse und Zeitungslektüre ein oppositioneller Geist breitmachte. Die „Naderer“, wie im Volksmund die allgegenwärtigen Spitzel des Metternichschen Überwachungssystems genannt wurden, tranken deshalb auch dort regelmäßig ihren Kaffe. Ja, mancher behauptete, das „Silber“ hätte wesentlich zu den revolutionären Ereignissen von 1848 beigetragen.

Kalbsbraten

Emilie Uhland wächst im Haus des wohlhabenden und angesehenen Stuttgarter Hofrats Pistorius auf. Personal gibt es genug: für die kleine und große Wäsche, das Polieren und Abstauben, das Nähen, Putzen und Kochen. Emilie hat also Zeit, sich mit anderen Dingen zu beschäftigen. Klavierspiel, Singen, Lesen, Besuche, Theater, Ausflüge, Briefe schreiben – damit verbringt eine höhere Tochter des 19. Jahrhunderts ihren Tag. Den meisten macht das Spaß, und es wird auch gefördert, gewünscht vom Elternhaus, das mit der müßigen, also nur der Muße nachgehenden Tochter

seine Wohlhabenheit und den gesellschaftlichen Rang demonstriert. Die Schürze bleibt da natürlich im Wäschefach, auch das Kochbuch gehört nicht zur Lektüre an gemütlichen Nachmittagen.
Nun ist es aber so, daß Emilie einen gaumenverwöhnten Mann heiratet. Von den Kochkünsten Mutter Uhlands schwärmte nicht nur Justinus Kerner. Die Bewährungsprobe naht: Es soll Kalbsbraten geben, die Lieblingsspeise des Herrn Gemahl. Doch der Braten will nicht gelingen. Emilie ist bekümmert, aber trotzdem schlagfertig und um eine Antwort auf Ludwigs Ungehaltenheit nicht verlegen. Sie erinnert ihren Mann an die Trauung. Was hatte der Pfarrer gesagt? „Die Liebe glaubt alles, hofft alles, duldet alles – die Liebe ist alles!" „Ja", kommt es da knurrig vom Ehemann zurück, „aber er hat nicht gesagt: die Liebe ißt alles."

Justinus Kerner

Mit Blick auf Kerners Abreise nach Hamburg schreibt Uhland einem Freund im Jahre 1808, er werde dann noch einsamer sein, „als ich es in der ersten Zeit meiner Jugend war."
Vier gemeinsame Jahre liegen hinter ihnen, gekennzeichnet von ersten literarischen Erfolgen im „Musenalmanach" und ihr gemeinsames „Sonntagsblatt für gebildete Stände" als Konkurrenz zu Cottas „Morgenblatt". Im Studium waren sie auch fleißig, Uhland allerdings aus Pflicht, Kerner dagegen aus Neigung. Zeitlebens werden sie dieser Zeit in gemeinsamer und gerne aufgefrischter Erinnerung verbunden bleiben. Emilie Uhland erzählte später von den vielen heiteren Stunden bei Kerners in Weinsberg, als die inzwischen älteren Herren aus dem Nähkästchen ihrer Studentenzeit in Tübingen erzählten.
Der scheue, zurückhaltende Uhland und der offene, gesellige Kerner: Der eine zog sich zurück nach Tübingen in Haus und Garten. Der andere machte sein Weinsberger Haus zu einem in Europa bekannten Salon, in dem sich berühmte Männer und Frauen die Klinke in die Hand gaben. Während Uhland gegenüber Karl Mayer klagte: „Der Spätsommer hat manche Reisende hier durchgeführt, deren wenn auch kurze Anwesenheit doch manche Zeit

in Anspruch nahm", wurde das Kernerhaus bald zum Inbegriff von herzlicher und viel frequentierter Gastlichkeit, die auch schonmal 20 Gäste an den Mittagstisch führte. Und während der nach außen meist so frohe Kerner zum Dichter des romantischen Sehnens und Trauerns wird, erhebt sich der unbewegliche, oft so verschlossen-schwere Uhland in ungeahnte poetische Höhen von heiterer Leichtigkeit. Wie paßte das zusammen?
Mutter Uhland berichtet ihrem Sohn im September 1810 nach Paris: „Kerner logirt bei uns, oder auch nicht, wie man will, weil er fast nie zu Hause ist sondern dem Stoll von Wien ... seine Zeit vertreiben will. Er stellt sich närrisch, daß er Dich nicht hier antrifft, er ging in Deine Stube, hohlte Dein Portrait, küßte es zusammt dem Staub und hieng es über sein Bett". Von Uhland sind solche Gefühlsausbrüche natürlich nicht bekannt, aber die vielen Briefe, die die Freunde zeitlebens wechselten, geben Antwort auf die Frage: Sie haben sich einfach gemocht, die zwei, und die Eigenarten des anderen in Freundschaft und Zuneigung zu einem Teil von sich selbst gemacht. Und so muß man sich auch nicht wundern, daß Uhland, dem Kerners Behagen am Jenseits fremd war, seinem Freund trotzdem folgendes schreibt: „Bei Haselmeier fand ich ein merkwürdiges Buch, betitelt: Stockhausen, Wunderliche Todes-Vorboten, was eine Menge Erzählungen von Todesverheißungen enthält, wovon ich die besten für Dich abschreibe, wiewohl auch in den andern einzelne Züge gut sind."
Gerade erst 1822 nach Weinsberg gekommen, sorgte Kerner dafür, daß die Ruine Weibertreu nicht abgetragen, sondern erhalten blieb. Dem Einsatz seines Freundes Uhland ist es zu verdanken, daß das Kloster Bebenhausen noch steht. „Vandalismus!", rief er empört auf den Hinweis seines Vetters Hoser, der den Auftrag hatte, „das alte Gerümpel zu beseitigen, da ohne Kunstwert" und dafür eine Brauerei einzurichten.
Ottilie Wildermuth kennt ihre beiden Dichterkollegen besonders gut. Von Ludwig Uhland ist sie die Nachbarin in der Tübinger Gartenstraße, mit Justinus Kerner pflegt sie von 1852 bis zu seinem Tod einen ausführlichen Briefwechsel. Seine Klagen über Krankheit und die Sehnsucht nach dem Jenseits fallen auf. Seiner Brieffreundin Sophie Schwab schreibt er denn auch: „Ich sehe kein Morgenrot mehr, bis der Sargdeckel über mir zusammen-

Die Dichter Justinus Kerner, Gustav Schwab und Ludwig Uhland (von links) im Garten des Kernerhauses in Weinsberg.

schlägt." Der noch immer schlanke und sportliche Ludwig Uhland hält nichts von diesem Jammern über den eigenen Zustand. Auch an Spätherbsttagen geht er in seinem Garten oft nur leicht bekleidet herum, um sich abzuhärten. Erstaunt darauf von seiner Nachbarin angesprochen, antwortete er nur: „Meine Liebe, man muß gegen Krankheit und Alter jeden Fuß breit verteidigen." Er kannte ja seinen Kerner, und so wird ihn die Geschichte, die er über Nikolaus Lenaus ersten Besuch in Weinsberg hörte, bei aller Skurilität auch nicht besonders verwundert haben: „Als ich nach Württemberg kam, ... fuhr ich nach Weinsberg, um Justinus Kerner kennen zu lernen. Ein Diener wies mich eine Treppe hoch in die Wohnung des Doctors. Ich trat in eine Stube ein, sie war leer; ich wartete eine Weile, da mir aber niemand entgegenkam, öffnete ich die Thüre zur zweiten Stube, auch diese war leer, in die dritte endlich eingetreten, sah ich ein wunderliches Bild: Auf dem Boden ausgestreckt lag lang und breit ein Mann, ihm zur Seite eine Frau, zur Linken und Rechten von ihnen Kinder. Sie lagen unbeweglich, doch konnte ich merken, daß sie lebten. Ich blieb betroffen stehen, die liegende Gruppe that ebenfalls nichts dergleichen, als ob ein Fremder eingetreten wäre. Ich nannte endlich meinen Namen, 'Ah willkommen, lieber Niembsch! wir probieren da eben, wie es seyn wird, wenn wir so nebeneinander im Grabe liegen werden.'"
Auch Varnhagen von Ense bezeugt Ungewöhnliches über Justinus Kerner und dessen Versuche für das Doktordiplom: „In seiner Stube lebte er mit Hunden, Katzen, Hühnern, Gänsen, Enten, Eichhörnchen, Kröten, Eidechsen, Mäusen, und wer weiß was sonst noch für Getier ganz freundschaftlich zusammen. Ob seine Bücher oder Kleider in Gefahr sind, ob ihn ein Tier im Schlafe anschnobert oder unversehens nach ihm beißt, das kümmert ihn nicht."
1809 geht Kerner auf Bildungsreise nach Hamburg und hinterläßt in Tübingen eine guten Eindruck. Der ändert sich zwei Jahre später abrupt mit dem Erscheinen seiner „Reiseschatten". Was ist geschehen? „In Tübingen giebt es recht viele tolle Knaben, denen Ihre „Reiseschatten" vortrefflich gefallen", schreibt ihm Gustav Schwab, „nur in einer Gesellschaft gebildeter Alter wurden Sie, wie ich mir habe sagen lassen, für Ihr „schlechtes" Buch theils un-

barmherzig auf den Asperg, theils aber mitleidig ins Clinicum verdammt." Die Empörung war groß, denn Kerner zog gegen würdige Bürger und gewichtige Honoratioren los. „Der Kerl hätte lieber auf dem Feld arbeiten sollen, statt solches Zeug zu schreiben", wetterten Stammtische und Zeitungsredakteure, die als „Plattisten" ihren Auftritt in des jungen Autors „Reiseschatten" erleben durften.

Viele Jahre später lädt Ludwig Uhland seinen Freund, der sich mal wieder nicht wohl fühlt, nach Tübingen ein: „Du wärest bei uns durchaus ungenirt, ... und manche Erinnerungen aus früherer Zeit können Dir hier aufleben."

Kinder

„Gar sehr freue ich mich, mein liebes Weib wiederzusehen und gedenke auch nicht so ganz kurz in der ländlichen Stille zu verweilen", liest Emilie erfreut in einem Brief ihres Mannes, der sie mit „Dein zärtlicher Ludwig" grüßt. Zwei Jahre nach der Hochzeit hat sich bei Uhlands noch kein Nachwuchs eingestellt. Ludwig wie Emilie können höchst gebärstarke Mütter und Großmütter vorweisen, aber was hilft das schon. So kurt die junge Uhlandin für einige Wochen in Bad Liebenzell im Schwarzwald, in der Hoffnung, daß die Quellen ihr helfen werden. Wahrscheinlich hat Freund Kerner dem Ehepaar diesen Tip gegeben. Er hatte dort einst praktiziert und sogar ein Büchlein über die heilenden Wasser von Bad Liebenzell veröffentlicht. Aber weder Ludwigs längerer Besuch noch fleißiges Wassertrinken zeigen die erhoffte Wirkung. Emilie wird nicht schwanger, die Uhlands bleiben kinderlos. In den schriftlichen Überlieferungen tritt uns besonders Ludwig Uhland als kinderlieb entgegen, während Emilie in den Erinnerungen von Ottilie Wildermuths Tochter Agnes eher streng wirkte und Distanz zu den Nachbarskindern hielt: „Frau Uhland, die selbst eine ausgezeichnete, aber strenge Erziehung genossen, hatte auf diesem Gebiet Grundsätze, die auch damals schon veraltet und bei der Kinderlosen durch keine liebenswürdige Inkonsequenz gemildert waren. Wenn Frau Uhland bei der Mutter war, gab es kein die Treppe Hinaufpoltern, kein Hereinstürmen mit

unendlichen Fragen und Berichten, keine der oft vernehmlich geführten Streite im Nebenzimmer. Dinge, die, ich muß es zu meiner Beschämung gestehen, ständig im Bereich der Möglichkeit waren. Vergaß man sich einmal in dieser Hinsicht, so zeigten die etwas scharfen Züge des Gastes deutlich sein Mißfallen."
Ihr Ehemann dagegen hatte viel Freude an Kindern, wie in den Erinnerungen mancher erwachsen gewordener Kinder unvergessen blieb. Einer von ihnen erzählt: „Uhland wollte eine lebensfrohe vergnügte Jugend um sich haben. So waren ihm auch die Spiele und die Liebhabereien eines Knaben kein zu geringfügiger Gegenstand, um denselben seine Aufmerksamkeit zu schenken. Allerlei munteres Spiel im Zimmer und im Freien, je humorvoller, um so besser, weiterhin besonders auch Fußtouren, die wir und andere machen durften, erweckten sein Interesse. Ja mit einem Kind beschäftigte er sich oft lieber als mit mancherlei Gesprächsgegenständen der Erwachsenen."
Die Weinlesefeste im Uhlandschen Garten galten unter den Kindern der großen Verwandtschaft als Geheimtip. Bei der Weinlese „erklangen mit Begeisterung gesungene, allerlei Volkslieder, wie sie in Schwaben bei derartigen Herbstfeiern nicht fehlen durften, auch Lieder von Uhland selbst. An der Weinlese, in früheren Jahren sogar am Abschneiden der Trauben, beteiligte sich Uhland gern persönlich, ebenso an dem von den Kindern und jungen Leuten abgebrannten bescheidenen Feuerwerk. Das einfache Erzeugnis des eigenen kleinen Weinbergs war ihm ein willkommeneres Getränk als irgendwelche fremden Weine", erinnert sich ein Neffe der Uhlands.
Sophie Schwab, die Frau von Gustav Schwab, gehörte zu den Freundinnen von Emilie. Im Jahre 1834 schreibt sie ihr aus Stuttgart: „Dein Brief, liebste Emma, hat uns heute wahrhaft electrisiert, Du kannst Dir denken wie sehr uns die Lage der armen Steudel u. ihrer Kinder beschäftigt, mein l. Mann war ganz außer sich vor Freude über Euren Gedanken." Die Neuigkeit, die für Aufruhr und freudige Erregung sorgt, spricht sich bald herum: Uhlands wollen den Sohn Wilhelm ihres verstorbenen Freundes Steudel an Kindesstatt annehmen. Noch im gleichen Jahr wird alles geregelt, und Uhlands sind nun endlich eine Familie; vier Jahre später wird die Tochter von Ludwigs verstorbener Schwester

Louise auch zu ihnen nach Tübingen kommen und die Familie erweitern.
Im Sommer 1838 schreibt Papa Ludwig an Mama Emilie aus Wien: „Mein inniges Verlangen ist, bald wieder bei Dir, Liebste, zu sein und noch einige Wochen mit Dir und unseren lieben Pfleglingen in der ländlichen Stille unseres Hauses und Gartens ... verleben zu können."

Kollegenlob

Immer wieder taucht der Name Goethes in den Briefen der Jungliteraten um Justinus Kerner und Ludwig Uhland auf. Sie verfolgen aufmerksam die Veröffentlichung seiner neuesten Werke und geben gleich Meldung, wenn sie etwas entdeckt haben. „Im Cottaischen Almanach sollen von Goethe Meisters Wanderjahre, Fortsetzung der Lehrjahre, stehen", teilt Ludwig Uhland seinem Freund Kerner 1809 mit. Die Dichter-Exzellenz in Weimar steht im Zenit ihres Ruhmes, der durch die Herausgabe der Lebenserinnerungen „Dichtung und Wahrheit" nicht mehr erhöht, nur noch vertieft werden kann. Varnhagen von Ense schreibt 1811 an Uhland: „Vor einiger Zeit schrieb ich an Goethe in einer literarischen Angelegenheit und hatte die Freude von ihm einen sehr schönen Brief zu erhalten. Sein Leben leset Ihr dort wohl früher, als wir hier in Prag, aber gewiß nicht mit mehr Entzücken!" Uhland bewundert Goethes Sprache und meint: „Es gibt ein einfach Erhabenes ... womit auch Göthe so vertraut ist." Über den Umgang seiner Mitmenschen mit der Poesie aber ist Uhland empört. Er schimpft: „Man scheint in Deutschland nicht nur die reflektirende Poesie über die produktive, sondern sogar das Sprechen von Poesie über die Poesie selbst, die Recension über das Gedicht zu setzen, und es würde mich nicht wundern, wenn jemand behauptete, Goethe habe seine poetischen Werke nur geschrieben, um schließlich als Beilagen zu seiner Lebensbeschreibung zu dienen." Zeitgenossen wie Varnhagen von Ense sahen in Uhland schon früh den großen Dichter, der im 19. Jahrhundert in einem Atemzug mit Goethe und Schiller genannt werden sollte. Er nannte die Gedichte seines Tübinger Freundes „goethisch". Und

Adalbert von Chamisso schrieb über Ludwig Uhland schon 1810: „Ich kann wohl sagen, daß mich nach Goethe kein Dichter so angeregt hat."
Und Goethe selbst, hat er sich geäußert zu Uhland? Ihn soll zunächst die „Tränenfreudigkeit" der frühen Lieder abgestoßen haben, während er in den Balladen Uhlands „vorzügliches Talent" spürte. Die Übersendung der Gedichte von Gustav Pfizer allerdings veranlaßte den großen Meister in Weimar zu einem Rundumschlag gegen die schwäbischen Poeten. Ihm sei beim Lesen „gleich so armselig zumut" gewesen, und er äußerte die Befürchtung: „Aus der Region, worin dieser (Uhland) waltet, möchte wohl nichts Aufregendes, Tüchtiges, das Menschengeschick Bezwingendes hervorgehen."

„Kränzchen"

Scherzgedichte, Rätsel, Maskeraden, Theaterszenen, Tänze und Volkslieder, Klaviermusik und Scharaden – in den Wohnstuben Stuttgarts war allabendlich einiges los. Freunde, Bekannte, Verwandte, auswärtige Gäste und zufällige Besucher trafen sich zur Pflege der häuslichen Geselligkeit. Nicht im Traum wäre es Frau Schwab eingefallen, das befreundete Ehepaar Uhland abends in einer Gastwirtschaft zu treffen. Und so pilgerte man durch die nächtlichen Gassen der Residenzstadt, um sich zu Hause bei Freunden einen schönen Abend zu machen. Bowle und Punsch sind die Lieblingsgetränke dieser Jahre zu Beginn des 19. Jahrhunderts. Und das Schöne ist, sie schmecken nicht nur gut, sie heben auch die Stimmung ungemein. Und so ist es für manchen nach ein oder zwei Gläschen schon gar nicht mehr so schwierig, bei den sehr beliebten Darstellungen von Schillers Balladen mitzuwirken. Für begabte Laienschauspieler ist dafür eine gewisse Wortgewandtheit ebenso nötig wie ein passendes Kostüm.
Ludwig Uhland liebte es, sich zu verkleiden. So war er 1814 zum Geburtstag seines „Universitätsbruders" Schott auf der angesagten Maskerade als Spanier erschienen. In Emilie fand er später eine unternehmungslustige Begleiterin. „Und wie steht es denn mit unserer Maskerade? Bist Du fleißig an meiner Flüeler Tracht

gewesen und hast Du für Dich eine hübsche Karikatur aufgefunden?" fragt Uhland seine Frau im Februar 1826.
Uhlands Auftritte gehörten zu den Höhepunkten, die Gäste des Hauses waren begeistert: „Zu humoristischen Rollen, oder auch zu von ihm humoristisch aufgefaßten, ließ sich Uhland gerne bereit finden und ergötzte oft die Gesellschaft durch seine heiteren Einfälle."

Isolde Kurz

„Ich komme hie und da zu Uhland, und finde ihn sehr mitteilend und lebhaft belehrend", schreibt Isoldes Vater Hermann Kurz im Jahre 1832 einem Bekannten. Dreißig Jahre später kehrt der ehemalige Stiftler als zweiter und kärglich bezahlter Unterbibliothekar an die Tübinger Universität zurück. Sieben Kinder bringen er und seine Frau Marie mit; beide gehören sie der schreibenden Zunft an, aber erst Tochter Isolde schafft, was den Eltern nicht gelingt: Mit den „Florentiner Novellen" wird sie zur Erfolgsautorin. Gemeinsam mit ihrer Mutter stattet die zehnjährige Isolde 1863 Emilie Uhland einen Antrittsbesuch ab und erlebt sie als „eine achtungsgebietende, von der Kleinlichkeit der anderen Frauen völlig freie Gestalt". Später erinnert Isolde Kurz sich an die „kalte Luft der Ewigkeit" im Hause des ein Jahr zuvor verstorbenen Uhland und meint noch den Nachklang seines Lebens zu spüren: „Der Uhlandsche Garten, der in Terrassen den Hügel hinanstieg, war wie die Uhlandsche Poesie: regelmäßig, bürgerlich-korrekt und wohlgepflegt, dabei doch lauter lebendige, vollsaftige Natur."

Kuss

Uhland „ist männlich, ehrlich, zuweilen tieffühlend, aber oft trocken". Dieser Erkenntnis des dänischen Dichters Oehlenschläger, der Uhland bei einem Besuch in Stuttgart zu Beginn des 19. Jahrhunderts traf, konnten ohne Bedenken auch einige junge Mädchen aus Tübingen zustimmen.

In seiner Jugend galt der Dichter bei den Töchtern der Tübinger Professoren, Apotheker, Reichspostverwalter und Obertribunalräte sogar als langweilig. Seine Zurückhaltung, sein ausdauerndes Schweigen – das gefiel ihnen nicht. Friederike, Charlotte, Wilhelmine, Sophie und Karoline wollten etwas erleben, Spaß haben, flirten und umschwärmt werden. Der gescheite Uhland war dafür nun wirklich nicht der Richtige! Mit dem war ja nichts anzufangen. Es sei denn, das Fräulein war eine Anhängerin des stummen Gesprächs, der seufzenden Naturbetrachtung und gelehrten Disputation. Uhland „witzelte nicht und neckte nicht", redselig und lebhaft war er auch nicht. Andererseits – ein Mädchen konnte sich bei ihm sicher fühlen und mußte bei des Herrn Universitätssekratärs Sohn keine Angst haben vor Zudringlichkeiten; Ludwig hielt Abstand. Das merkten auch andere: „Man rühmt den Schwaben großen Respekt vor dem weiblichen Geschlecht nach. Die Keuschheit wird dort nicht nur geehrt, sondern auch gelehrt. Es gibt nichts Unschuldigeres als einen schwäbischen Dichter. Sie leben und dichten von der Ahnung eines Kusses. Es ist möglich, daß ihr Hauptdichter Uhland niemals geküßt hat", vermutete ein Stuttgartbesucher.

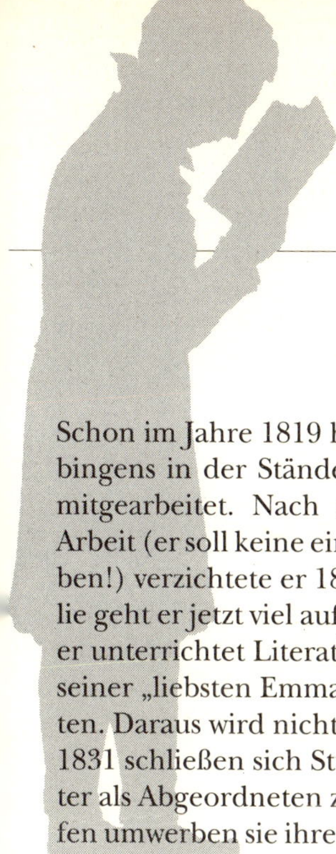

L

Landtag

Schon im Jahre 1819 hatte Ludwig Uhland als Abgeordneter Tübingens in der Ständeversammlung an einer neuen Verfassung mitgearbeitet. Nach sieben Jahren gewissenhafter politischer Arbeit (er soll keine einzige Sitzung versäumt oder geschwänzt haben!) verzichtete er 1826 auf eine Wiederwahl. Mit Ehefrau Emilie geht er jetzt viel auf Reisen, sie lassen sich in Tübingen nieder, er unterrichtet Literatur an der Universität und möchte sich mit seiner „liebsten Emma“ nun ein behagliches Privatleben einrichten. Daraus wird nichts:
1831 schließen sich Stuttgarter Bürger zusammen, um den Dichter als Abgeordneten zu gewinnen. Sogar mit öffentlichen Aufrufen umwerben sie ihren Kandidaten, nicht der Kandidat wirbt um ihre Stimmen! Sie wollen nur den Uhland. Denn der hat, was in diesen schwierigen Zeiten gefragt ist. Einen Kämpfer von „hoher Rechtlichkeit“ nennen sie ihn, vertrauen seiner „politischen Charakterfestigkeit“; sie haben ihn als gründlichen Arbeiter erlebt, und er ist ein Vertreter ihrer Sache, der „den Morgen unserer constitutionellen Freiheit begrüßte“.
Ludwig Uhland wird in den Landtag von 1832 gewählt. Er steigt damit erneut ins politische Geschäft ein, das ihn 1848 auf den Sessel des Justizministers gesetzt hätte, wäre er nicht vorher dankend umgekehrt.

Ludwig Uhland (vom unteren Bildrand aus in der dritten Reihe sitzend) als Abgeordneter im Württembergischen Landtag.

Liebe und Erotik

Paris hat Uhland inspiriert. Scheinbar doch nicht nur zum Studium der mittelalterlichen Handschriften in der Nationalbibliothek. Auch andere Erkundungen mag er wohl riskiert haben. Woher sonst diese seine Zeilen? „Phöbus warf einen Blick auf der schönen Schläferin Fenster; Als er verhangen es fand, trat er in Wolken zurück." Ein wehender Schlafzimmervorhang, das Strumpfband aus feiner Spitze, ein leichter Duft und rote Lippen – die Erotik des Biedermeiers besteht aus Andeutungen und Blicken. Auch wenn Metternich und seine regierenden Zeitgenossen allseits bekannte außereheliche Liebschaften pflegten, die Herren in der Loge mit riesigen Operngläsern die Ballettmädchen verfolgen und eine gewisse Lola Montez den bayerischen König umgarnt, es herrscht eine staatlich verordnete Moral. Und damit niemand es vergißt, kontrollieren sich scharfäugig alle gegenseitig. Sittsam von der Liebe zu schreiben, das ist erlaubt. Aber zur Tat bitte nur versteckt und im Dunkeln schreiten.

„Bald senken sie die Wimpern, um in Küssen
Noch tiefer eins des andern glühend Leben
aus Lippen, denn aus Augen, einzusaugen“,

schreibt Ludwig Uhland 1808 in „Liebesfeuer“. Aus Briefen an seine Freunde wissen wir, daß er ein Dichter der Stimmung, des Augenblicks ist. Entzückt fragen wir uns, wer ihn denn wohl zu solchen Zeilen beflügelte? Das Rosenstöckchen als „Liebeszeichen“, die „Liebesklagen“ und „Sehnsucht“ – Uhland kennt sich aus in Amors Gebiet. Geträumtes, Erdachtes und Erlebtes läßt ihn zur Feder greifen. Noch laufen die Vorbereitungen, aber dann trifft „Amors Pfeil“. Es „sollten schöne Lippen nicht erst von Erdbeeren gefärbt werden dürfen“, träumt Uhland und „Der Kuß“ ist nicht mehr unerreichbar, „Der Liebesbrief“ heiß ersehnt. Im schweigsamen, in sich gekehrten Uhland toben Gefühlswelten und er wünscht sich: „O wär ich Sturm, wär ich Orkan!“ Was ist geschehen? Es hat ihn erwischt, er will die Festung stürmen: „Wie schlüg ich an dein Haus hinan, Die Mauern müßten schüttern, Dein Herz im Busen zittern, So fühltest du meine Liebe!“ Seine Emilie kannte Uhland zu dieser Zeit noch nicht ...

Lorbeerkranz

Im Jahre 1838 schied Uhland endgültig aus der Politik des Königreichs Württemberg aus und zog sich nach Tübingen zurück. Eine ihm angebotene Wiederwahl in den Landtag hatte er abgelehnt. Bürger, Freunde und Verehrer überreichten ihm zum Abschied einen großen Lorbeerkranz, der den öffentlichkeitsscheuen Uhland allerdings vor ein größeres Problem stellte. Wie er nun einmal war, konnte und wollte er so bekränzt nicht in Tübingen ankommen. Der Lorbeerkranz mußte weg, und Uhland hatte auch schon eine Idee: „Die Wanderer werden sich wundern, daß nun unsere Eichen auch schon Lorbeer treiben“, sagte er in heiterster Stimmung, nachdem er den Kutscher um einen kurzen Halt gebeten hatte, damit er das Problem am Ast einer Eiche baumelnd zurücklassen konnte.

M

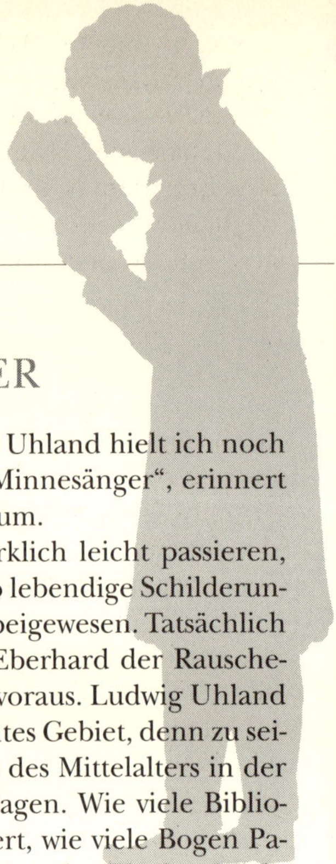

Mittelalter

„Unseren Schiller kannten wir wohl; aber Uhland hielt ich noch als Primaner für einen mittelalterlichen Minnesänger“, erinnert sich Theodor Storm, der Dichter aus Husum.
Das konnte einem Schüler nun auch wirklich leicht passieren, denn schließlich sind Uhlands Balladen so lebendige Schilderungen aus dem Mittelalter, als sei er selbst dabeigewesen. Tatsächlich gingen „Des Sängers Fluch“ oder „Graf Eberhard der Rauschebart“ intensive, langwierige Forschungen voraus. Ludwig Uhland betrat dabei Neuland, bis dahin unbekanntes Gebiet, denn zu seinen Lebzeiten war das Kapitel der Poesie des Mittelalters in der Literaturgeschichte noch nicht aufgeschlagen. Wie viele Bibliotheken hat er aufgesucht und durchstöbert, wie viele Bogen Papier vollgeschrieben, wie oft seiner mitarbeitenden Ehefrau Wichtiges diktiert oder zum Abschreiben vorgelegt! Er war in Paris, in der Schweiz, am Bodensee und im hohen Norden – überall auf den Spuren des Mittelalters. Die „Edda“, die „Nibelungen“, das Sagengut seiner schwäbischen Heimat und unserer Nachbarländer interessierte den Suchenden. In der französischen Nationalbibliothek in Paris schreibt Uhland mit sturem Fleiß alte Handschriften ab. Auch dort sucht er die deutsche Vergangenheit, glaubt in einer glücklichen Forscherstunde, ein Stück davon in den altfranzösischen Dichtungen gefunden zu haben. Ludwig Uhland versenkt sich hinein in die Zeit, denkt in ihr, lebt in ihr und schreibt so „Klein Roland“, „König Karls Meerfahrt“ oder „Taillefer“ – alles Ergebnisse seiner Pariser Arbeitswochen. Er liebt seine Mittelalterforschungen, das Suchen, das Finden. Keine Arbeit wird ihm dabei zuviel, auch widrigste Umstände können

ihn nicht abhalten: Während seines Aufenthalts in Paris, setzt im Januar scharfe Kälte ein. Sein Arbeitsplatz, die Nationalbibliothek, wird von nur einem Kohlenbecken beheizt. Stundenlange Schreibarbeiten lassen die Kälte in Mark und Bein kriechen. Uhland ist hart im Nehmen: Wenn die rechte Hand vor Kälte erstarrt nicht mehr schreiben will, wird sie ein wenig über dem Feuer gewärmt – und derweil von der linken abgelöst.

Eduard Mörike

Bei Justinus Kerner in Weinsberg trafen sich Uhland und Mörike, der seinen Kollegen auch manchmal zu einem Besuch ins naheliegende Cleversulzbacher Pfarrhaus einlud. Später, als Mörike in der Residenzstadt Stuttgart lebt, wohnt Uhland schon lange in Tübingen. Eine Begegnung hätte allenfalls zufällig stattfinden können. Weinsberg aber wird so über Jahrzehnte das Zentrum, die Anlaufstelle der schwäbischen Dichterkollegen. Hier sitzen sie alle immer wieder zusammen, um über ihre neuesten Arbeiten zu sprechen. Im Jahre 1846 schickt Eduard Mörike dem Bodensee-Liebhaber Uhland seine soeben entstandene „Idylle vom Bodensee“ nach Tübingen. Beide lieben das Schwäbische Meer, und Uhland fühlt sich durch Mörikes Zusendung „ausnehmend erfreut“. Er rät dem jüngeren Kollegen: „Dichten Sie rüstig fort, so lang Ihnen diese glückliche Stimmung wach ist!“ Uhland weiß, wovon er schreibt. Im Gegensatz zu Mörike liegt seine produktive Zeit als Dichter schon fast dreißig Jahre zurück. Der gemeinsame Freund Friedrich Hebbel meint denn auch bei Uhlands Tod: „Die Literatur verliert gar Nichts; er hatte nur einen Frühling, keinen Sommer und keinen Herbst“.
Daß seine „kleine Arbeit“ Uhland gefallen hat, dafür dankt Mörike. Einem Freund gegenüber aber bemäkelt er Uhlands Stil: „Der Brief ist, wie er spricht; sieh doch die Sätze an, die er wie schwere Steine, einzeln, mit kurzen Schritten trägt und fallen läßt!“

Morast

Im Jahre 1837 übernimmt Gustav Schwab, der alte Freund aus Studientagen, das Pfarramt Gomaringen bei Tübingen. Er zieht mit seiner Familie in das Pfarrhaus, das genau besehen ein Pfarrschlößchen ist. Es steht auf einem Hügel hoch oben über dem Dorf mit einer herrlichen Aussicht auf die Schwäbische Alb. Zwar sind die Räumlichkeiten „etwas verfallen und der Ausbesserung gar bedüftig", aber was macht's! Die Frau des Hauses ist patent, und schon bald können Gäste und Freunde empfangen werden. Zu den ersten Besuchern gehört Ludwig Uhland, der sich freut, seinen Freund nun in der Nähe zu haben. Im Oktober 1837 kommt er vom nahen Tübingen zusammen mit zwei Bekannten ins Schwabsche Pfarrschlößchen. Kurz vor Gomaringen nehmen die Straßenverhältnisse bedenkliche Zustände an. Selbst bei gutem Wetter keinesfalls ideal, ist der Weg jetzt auch noch vom Tauwetter aufgeweicht und morastig.
Aber nicht nur das Wetter, auch die Tücken der Materie treiben mit den Reisenden ein hinterhältiges Spiel, denn Uhlands Wagen kippt um – „weil irgendein haltender Nagel sich ausgespielt hatte". Heilloses Durcheinander ist das Ergebnis: Der eine Passagier fiel mit dem Kopf ins gelbe Lehmwasser, Uhland oben drauf, „den Kopf voran in einem Graben voll halbgefrorenem Schlamm". Ein „regelrechtes Rundkäppchen" aus Morast ziert jetzt des Dichters Haupt. Der dritte Fahrgast hat etwas mehr Glück, er kommt „mitten im Weg einfach auf die Füße". Zu übersehen ist es nicht, sie sehen alle drei aus „wie die Säue".
Im naheliegenden Gasthaus „Ochsen" werden erste Reinigungsarbeiten vorgenommen, damit die Besucher nicht gar zu wild aussehend zu Schwabs kommen. Die kennen den abenteuerlichen Weg zu ihrem Pfarrhaus und empfangen die kein Hindernis scheuenden Gäste denn auch mit „ungemeiner Lebhaftigkeit und Liebenswürdigkeit".

Mutter

Nicht nur wegen seiner Verdienste um Literatur und Politik, sondern schon wegen der Herkunft seiner Mutter gehört Ludwig Uhland ins „Who's who" der württembergischen Geistesgeschichte. Hölderlin, Schelling, Wildermuth, Kerner, Karl Mayer und Hauff gehören zu seiner Verwandtschaft mütterlicherseits.

Rosine Elisabeth Hoser heiratet 1783 mit 23 Jahren den Universitätssekretär Johann Friedrich Uhland und wohnt mit ihm ihr ganzes Leben in Tübingen. Zwei überlebende Kinder hat das Ehepaar: Ludwig und seine 1795 geborene Schwester Louise. Während Vater Uhland nicht nur an der Universität für Recht und Ordnung sorgt und seinen patriarchalischen Aufgaben nachgeht, leben die Kinder in eng-herzlicher Verbindung zur Mutter, die dem Haushalt in der Hafengasse kompetent und äußerst rührig vorsteht. Als angenehme Ergänzung ihres Johann Friedrich, „des nicht immer leicht zu behandelnden ehrenfesten Mannes", wird Rosine Elisabeth „ein freundliches Wesen ohne Falsch, voll natürlicher, sprudelnder Munterkeit" bescheinigt.

Erhalten geblieben sind ihre herzlich-warmen Briefe an den Sohn Ludwig. Der frühest erhaltene stammt aus dem Jahre 1801: Ludwig oder Louis, wie man damals sagte, besucht die Verwandtschaft in Stuttgart und Heilbronn. Das äußere Erscheinungsbild ihres Sohnes macht Mutter Uhland Sorgen. Sie mahnt ihn: „Du kannst unterwegs Deinen alten Überrock anziehen, aber nur müssen Deine Kleider gleich gewiß nachfolgen, sonst wäre es eine Schande." Zehn Jahre später hält sich Ludwig zu väterlich verordneten Gesetzesstudien in Paris auf. Das kostet Geld, und die Mutter fragt besorgt an, ob der Herr Sohn auch „nicht zu sehr auf seines Vaters Beutel loshaue?" Auch die große Stadt Paris mit ihren Gefahren, tägliches Umfeld ihres Sohnes, macht den Eltern Sorgen: „Da nun die Nacht bälder eintritt, so denke, daß Dich Dein Vater schon verwarnte, nicht allein in der Dunkelheit auf der Straße zu seyn, und sey vorsichtig." Die Briefe seiner Mutter begleiten Uhland noch viele Jahre. Seine Suche nach einer festen und bezahlten Anstellung als Jurist, die Ermordung des Dichters Kotzebue, Tratsch und Klatsch aus dem Bekannten- und Verwandtschaftskreis, die Totenfeier der früh verstorbenen Königin Katharina von Württemberg,

Ludwigs Wahl zum Landtagsabgeordneten und die Braut Emilie Vischer – alles findet sich in ihren Zeilen aus Tübingen wieder. Viele Neuigkeiten allerdings scheint Rosine Elisabeth von anderen, jedoch nicht von ihrem Sohn zu erfahren, dem sie deshalb tadelnd schreiben muß: „Du bist kein Neuigkeitskrämer, von Dir hört man nie etwas". Ludwigs Braut Emilie wird von der zukünftigen Schwiegermutter freudig begrüßt. Sie schreibt dem „Louis Bräutigam": „Gottlob daß, was inzwischen in meinem Innern höchster Wunsch war, eine Wirklichkeit geworden", und sie hofft, „es werde Emma freuen, wann ich ihr mit dem tiefsten Gefühl sage, daß ich wünsche im engsten Sinn ihr Mutter so zu seyn, wie ich sie gegen Dich bin." Die Briefe der Uhlandin zeigen, daß keine nachträgliche Beweihräucherung einer Dichter-Mutter vorliegt, wenn ihr liebenswürdiger Humor, klarer Verstand, praktische Lebenserfahrung, eine offene und herzliche Art, Tüchtigkeit und tiefe Liebe zu ihren Kindern bescheinigt werden. Viele dieser Eigenschaften findet Uhland bei seiner Ehefrau wieder. Emilie Vischer ist wie ihre Schwiegermutter eine selbstbewußte, ihren Wert kennende Frau. Ludwig Uhland hat, im Gegensatz zu den meisten Männern seiner Zeit, bei seiner Ehefrau keine Probleme damit, denn dieses Frauenbild hat seine Mutter ihm positiv vorgelebt. Einst schrieb sie ihm: „Ich weiß wohl, daß ich nur ein Weib bin, wo übrigens ein gesunder, schlichter, wohlwollender Menschenverstand, den ich mir nicht abspreche, öfters doch einen richtigen Blick hat, den ich Dir nun hier mitteilen will."

N

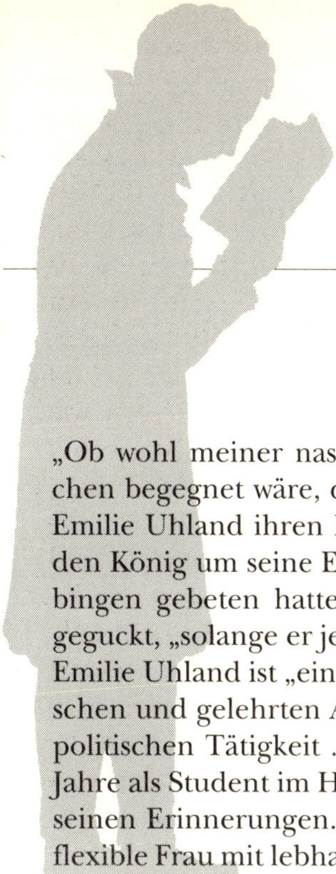

Nachlass

„Ob wohl meiner naseweisen und ängstlichen Kritik ein Wörtchen begegnet wäre, das mir zu trotzig geschienen hätte?“ fragt Emilie Uhland ihren Mann, der soeben in einem Schreiben an den König um seine Entlassung als Professor der Universität Tübingen gebeten hatte. Sie hätte ihm gerne über die Schulter geguckt, „solange er jene geschrieben“.
Emilie Uhland ist „eine geistige Mitarbeiterin in seinem dichterischen und gelehrten Arbeiten und Schaffen, gleichwie in seiner politischen Tätigkeit ... gewesen“, berichtet Karl Neeff, der vier Jahre als Student im Hause seines Onkels Ludwig gelebt hatte, in seinen Erinnerungen. Tante Emilie erlebte er als eine gewandt-flexible Frau mit lebhaftem Geist. „Uhland hätte vieles ... nicht zu stande bringen können ohne“ sie, schrieb Carl Neeff, denn sie „verstand ihres Mannes Geist und Herz.“
Nur wenige Dichter-Witwen bringen solche idealen Voraussetzungen mit, um sich behutsam und kompetent dem Erbe ihrer Männer widmen zu können. Schließlich wurde Emilie Uhland die Nachlaßverwalterin eines bedeutenden Mannes, dessen Arbeiten der Allgemeinheit zugedacht waren. In dieser Rolle befand sich 1898 auch Emilie Fontane in Berlin. Über die Arbeit ihres Mannes war sie genau informiert, denn alle Manuskripte, selbst die umfangreichen Romane hatte sie selbst abgeschrieben, damit Theodor Fontane sie dem Verleger schicken konnte, wobei sie das auch meistens übernahm. Und trotzdem ging sie mit eisernem Besen durch den Fontane-Nachlaß, verbrannte erhebliche Teile der Korrespondenz sowie alle Brautbriefe, sie verschenkte Handschriften und unvollendete Entwürfe ihres Mannes.

Emilie Uhland in Tübingen ging da ganz anders vor: Sie engagierte drei junge Germanisten und übertrug ihnen die Aufgabe, die ungedruckten wissenschaftlichen Sammlungen und Arbeiten ihres verstorbenen Mannes zu seiner Volksliedersammlung für eine Publikation zu erschließen. Um die vielfältigen Verlagsangelegenheiten besser regeln zu können, holte sie sich Rat im Stuttgarter Anwaltsbüro ihres Neffen Mayer. Das war auch gut so, denn mit dem erfahrenen Verleger Cotta gab es viel zu besprechen und zu verhandeln: die Herausgabe der Miniatur- und Prachtausgaben ebenso wie die fast jährlichen Neuauflagen der „Gedichte" Ludwig Uhlands. Im Jahre 1866 erschien bereits die 50. Auflage, (drei Jahre später, 1869, die 54.), doch Emilie Uhland ärgert sich – nicht zum ersten Mal – über Cotta: „Mit dem Honorarzalen eilt es Ihnen nie, nur mit der Erlaubnis zu neuen Auflagen der Gedichte."

Im Deutschen Literaturarchiv in Marbach am Neckar findet sich unter dem Stichwort „Handschriften von Emilie Uhland" auch eine Aufstellung der „Buchhändlereinnahmen seit Uhlands Tod", dazu Quittungen für Cotta und einige Vertragsentwürfe. Bis zu ihrem Tod im Jahre 1881 bleibt Emilie als Nachlaßverwalterin ihres Mannes in regem geschäftlichen Briefkontakt mit Cotta. „Es ist mir oft recht wehmütig, daß Uhland den Erfolg seiner eifrigen Arbeit nicht erleben sollte, und daneben muß ich denken, wie er wohl mit der Herausgabe zufrieden wäre?" teilt sie sich ihrem Neffen mit. Durch ihn läßt sie die Honorareinkünfte gewinnbringend anlegen, ruft bald eine „Uhland-Stiftung" ins Leben und sorgt dafür, daß die Jüngeren unter den Erben zur eigenen Existenzgründung schon vor ihrem Tod ausbezahlt werden.

Von besonderer Bedeutung aber ist die Biographie, die Emilie Uhland über das Leben ihres Mannes schrieb. 42 Jahre harmonischer Ehe, die „eine Geistesgemeinschaft von seltener Kraft und Tiefe" gewesen sein soll, machten sie zur prädestinierten Berichterstatterin. „Es waren mehrere große Bücherkisten, jeder der Anwesenden wurde aufgefordert, sich zu nehmen, was er wollte", berichtet eine Nachfahrin über das Erbe Theodor Storms, der kein Testament hinterlassen hatte. Ludwig Uhlands Nachlaß wurde nicht zum Selbstbedienungsladen, alle 27 Kisten stehen wohlverwahrt im Deutschen Literaturarchiv.

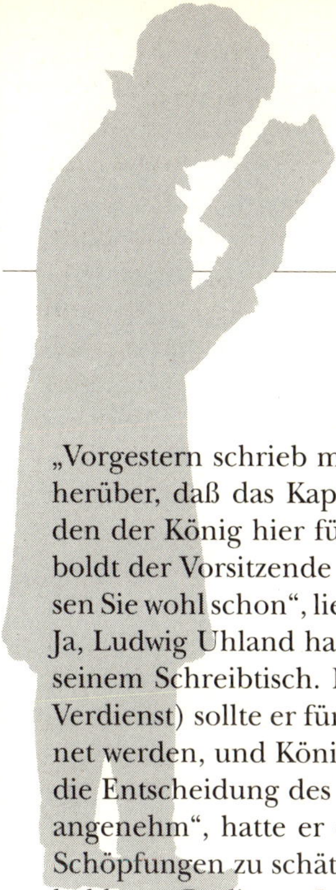

Orden

„Vorgestern schrieb mir Alexander von Humboldt von Potsdam herüber, daß das Kapitel des Friedensordens (Pour le mérite), den der König hier für Wissenschaft gestiftet, und wovon Humboldt der Vorsitzende ist, ... Uhland gewählt habe. Doch das wissen Sie wohl schon", liest Emilie Uhland in einem Brief aus Berlin. Ja, Ludwig Uhland hatte schon davon gehört und saß bereits an seinem Schreibtisch. Mit dem Orden „Pour le mérite" (für das Verdienst) sollte er für seine wissenschaftliche Arbeit ausgezeichnet werden, und König Friedrich Wilhelm IV. von Preußen hielt die Entscheidung des Komitees für „eine schöne Wahl, mir sehr angenehm", hatte er doch „schon als Jüngling Ihre poetischen Schöpfungen zu schätzen gelernt", schrieb Alexander von Humboldt aus Berlin an Ludwig Uhland am 5. Dezember 1853. Nur wenige Stunden später sieht er sich veranlaßt, noch einmal nach Tübingen zu schreiben. Inzwischen sind nämlich Uhlands Zeilen vom 2. Dezember eingetroffen. Der Minister schreibt ihm: „In einem 84jährigen vielbewegten Leben ist mir wohl nie etwas mehr Unerwartetes vorgekommen!"

Was ist geschehen? Kaum zu glauben, aber wahr: Uhland lehnt den höchsten Verdienstorden des preußischen Staates ab. Seine Begründung: Die literarischen und politischen Grundsätze seines Lebens würden in Widerspruch zu der ihm angetragenen Ehrenstelle, die auch eine Standeserhöhung beinhalte, geraten. „Dieser Widerspruch wäre umso schneidender, als nach dem Schiffbruch nationaler Hoffnungen, auf dessen Planken auch ich geschwommen bin, es mir nicht gut anstände, mit Ehrenzeichen geschmückt zu sein, während solche, mit denen ich in Vielem und Wichtigem zusammen gegangen bin, weil sie in der letzten Zerrüttung weiter schritten, dem Verluste der Heimat, Freiheit und bürgerlichen Ehre, selbst dem Todesurteil verfallen sind". Humboldt kann es nicht fassen, hält das Schreiben für einen „abentheuerlichen" Brief und schimpft darüber, „in welch unangenehme Verlegenheit ihn die tugendhafte Albernheit Uhlands versetze". Der ist sich im klaren über den Tadel, „der unvermeidlich über meinen Entschluß ergehen wird, aber Ueberzeugungen, die mich im Leben und im Liede geleitet haben, lassen mir keine Wahl". Und auch wenn Alexander von Humboldt ausdrücklich betont, „daß hier nur von Geistesgaben und intellectuellen Verdiensten die Rede sei, daß politische Betrachtungen so wie alle kirchlichen ausgeschlossen blieben", Uhland bleibt bei der Ablehnung und kann die „herzliche Bitte" des großen Humboldt nicht erfüllen. Der Vorsitzende des Komitees geht sogar so weit, Uhland zu bitten, dann jedenfalls seinetwegen den Orden anzunehmen und beschwört die Ausmaße „des Labyrinthes von Verlegenheiten, in welches Sie mich setzen". Das hilft ebensowenig wie die Intervention eines anderen Mitglieds des Wahlgremiums. Von der Zwecklosigkeit seines Schreibens schon im voraus überzeugt, schreibt dieser Ludwig Uhland: „Einen Mann von Ihrer Charakterfestigkeit überreden zu wollen, kann mir nicht in den Sinn kommen".

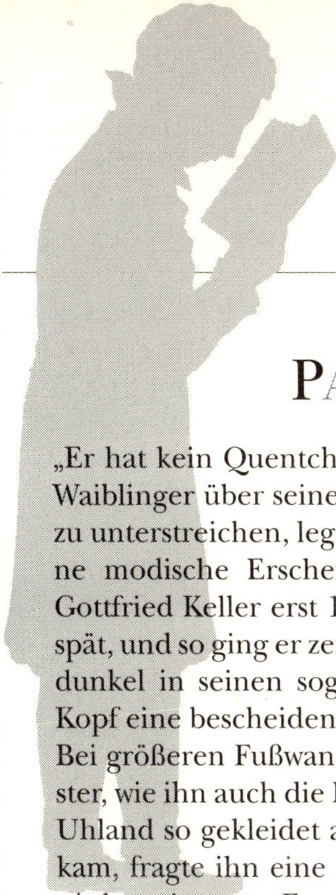

P

Papiermacher

„Er hat kein Quentchen Grazie im Äußeren“, bemerkt Wilhelm Waiblinger über seinen Kollegen Uhland. Und wie um das noch zu unterstreichen, legte der so Benotete auch keinen Wert auf eine modische Erscheinung. „Kleider machen Leute“, schrieb Gottfried Keller erst 1855. Für Uhland kam diese Erkenntnis zu spät, und so ging er zeitlebens – bei jeder Jahreszeit – schlicht und dunkel in seinen sogenannten „Tuchrock“ gekleidet, auf dem Kopf eine bescheidene Mütze.
Bei größeren Fußwanderungen trug er nicht selten einen Tornister, wie ihn auch die Handwerksburschen benutzten. Als Ludwig Uhland so gekleidet an einer schwäbischen Papierfabrik vorbeikam, fragte ihn eine alte Frau: „Ist er auch ein Papiermacher?“ „Ach, nein, gute Frau“, antwortete Uhland, „verdorben hab ich schon viel Papier, aber gemacht noch keins.“

Politisches Theater

Uhland liebte das Drama, was allerdings nicht auf Gegenseitigkeit beruhte. Mit anderen Worten: Er hatte seine Schwierigkeiten, Dramen zu schreiben. Trotzdem bleibt er dran, sucht nach einem passenden Stoff, macht Pläne, formuliert, verwirft und beginnt von neuem. Schon zwei Jahre bekleidet Ludwig Uhland das Amt des Sprechers der Landstände in der Auseinandersetzung um die Verfassung, als er 1817 mit der Arbeit an „Ernst, Herzog von Schwaben“, ein Trauerspiel in fünf Akten, beginnt. Der Stoff muß „den Dichter zur Ausführung gereizt haben, da die Idee, die er

damit verkörpern wollte, gerade dem entsprach, wofür er in den äußeren Verhältnissen so mannhaft eintrat", heißt es in einem Kommentar von 1901. Uhland schreibt ein politisches Stück für die Bühne. Seine 1815 erschienenen „Vaterländischen Lieder" hatten ihn endgültig bekannt gemacht, er wurde gefeiert, und man achtete seine politische Arbeit. Klar, daß sein neues Projekt auf Interesse stieß. Dem Vater in Tübingen kann er mitteilen: „Zu meinem Herzog Ernst haben sich mir vier Verleger angeboten." Aber es gibt Probleme. Die Arbeit an einer neuen Verfassung läuft parallel zu der am Trauerspiel, und in einem Brief an Varnhagen von Ense klagt Ludwig Uhland über Zeitmangel. Aber er hält durch – die Helden der Vorzeit locken ihn, denn sie sind die passende Projektionsfläche für seine politischen Ideale. Nach der Uraufführung in Hamburg (1819) steht „Ernst" auch bald in Stuttgart auf dem Spielplan. Der Beifall ist groß. „Für das Theater zu schreiben ist ein Metier, das man kennen soll, und will ein Talent, das man besitzen muß. Beides ist selten, und wo es sich nicht vereinigt findet, wird schwerlich etwas Gutes an den Tag kommen", sagte Goethe. Bei Uhlands Werk bestätigt sich das. Schon im Jahr der Aufführung bemängelt ein Kritiker, „Ernst, Herzog von Schwaben" habe „keine ausgeführte oder keine Karakterzeichnung, keine dramatisch ergreifende Kraftsprache, keine antithetische Anordnung der Szenen, kein lebendig dramatischer Dialog, kein Kolorit der Zeitepoche, in der (das) Stück spielt, zu viel Sterben am Ende".
Im Jahre 1819 aber findet anläßlich der neuen Verfassung im Königreich Württemberg eine Festaufführung von „Ernst, Herzog von Schwaben" statt. Der berühmte Schauspieler Ferdinand Esslair spricht den vielbeachteten Prolog. Von sehr großer Gestalt und gewaltiger Stimme, ist er der bedeutendste Rhetoriker seiner Epoche. Seine Vortragskunst zieht das Publikum ebenso in den Bann wie manche Textstelle des Prologs selbst. Uhland läßt ihn klare und kritische Worte sprechen, indem er das Schicksal der deutschen Patrioten und Liberalen anprangert, die sich nach 1815 von den Fürsten um die demokratischen Früchte ihres Freiheitskampfes gegen Napoleon betrogen fühlten. Für solche „demokratischen Umtriebe", verpackt in Literatur und Theater, konnte zu anderen Zeiten schonmal mit dem Asperg gedroht wer-

den: „Zehn Minuten, um hinaufzukommen; zehn Jahre, um wieder herunterzukommen."

Porträts

„Die Augen des Dichters waren wunderbar, besonders im Ausdruck, dagegen eine zurückstehende Stirn und ein stark vorgeschobener Mund mit großen weißen Zähnen: im ganzen ein außergewöhnliches Profil", das dem Künstler durchaus Schwierigkeiten bereitet. Denn nicht nur Uhlands Charakterkopf verlangte sein ganzes Können, er mußte auch äußerst diplomatisch mit dem Gegenstand seines Auftrages umgehen.
Ludwig Uhland, dessen Bild später in Bismarcks Schlafzimmer hängen sollte, konnte es überhaupt nicht leiden, porträtiert zu werden. Er wäre nie auf die Idee gekommen, sich aus eigenem Entschluß für so etwas stundenlang hinzusetzen. So mußte sich sein Verleger Cotta, der 1834 dringend ein Bild des Meisters für die 7. Auflage der Gedichte benötigte, schon etwas einfallen lassen. Er schaltete in seiner Ratlosigkeit zunächst Gustav Schwab ein und stieß dabei den Stoßseufzer aus: „Möchte es ihm gelingen."
Nach dem Kinderbild in Öl von Klein-Ludwig mit 6 Jahren war es erstmals Kerner, dem 1805 ein Porträt seines Freundes gelang. „Eines Abends im Winter 1805/06, als die Freunde in Justinus Kerners Stube im Neuen Bau zu Tübingen beisammen saßen, warf das Licht der Lampe Ludwig Uhlands Schatten auf die hell getünchte Wand. Ungemein scharf zeichnete sich der Seitenumriß des Kopfes ab. Kerner nutzte die Gelegenheit, stand auf und zog die Umrißlinien von Kopf und Hals mit einem Kohlestift auf der weißen Tünche nach. Dann übertrug er die Linien mittels eines Storchenschnabels in verkleinertem Maßstab auf ein Zeichenblatt, in einer Größe, das er das letztere bequem in seiner Brieftasche unterbringen konnte." Heute wird das Werk „Ludwig Uhland von J. Kerner im Neuen Bau mit dem Storchenschnabel abgebildet" im Schillermuseum in Marbach aufbewahrt. Uhland wußte, daß er nicht zu den hübschen Mannsbildern gehörte und sagte später einmal von sich selbst, „daß sich sein Kopf überhaupt nicht fürs Portrait eigne, da er immer den Mund offen habe, und

wenn er die Lippen beisammen halte ..., so kenne man ihn nicht." Nun, das schreckte Künstler nicht ab, und mancher machte sich auf den Weg in die Tübinger Gartenstraße. Einer von ihnen erzählte nach getaner Arbeit über die gemeinsame Sitzung: „Frau U. jammerte, daß sie kaum von einer Reise zurück schon wieder belästigt werden, doch wolle sie alles auf-bieten, ihren Mann freundlich zu stimmen. Nach einiger Zeit erschien er, sorgfältig in neues Schwarz gekleidet, aber übel gelaunt, und es gab noch allerlei Einwände über Stellung u. dgl. zu beseitigen; der Dichter bewies darin eine beinahe unglaubliche Kindlichkeit und Naivität. Endlich warf er sich in eine Position und setzte sich starr, trotzig und finster schauend". Im Laufe der Zeit aber entspannt sich die Situation. Uhlands Stimmung hebt sich merklich, er erzählt von seinem geliebten Garten, man plaudert über gemeinsame Lieblingsstädte, und schließlich ist Uhland sogar bereit – der Künstler weiß nicht, wie ihm geschieht – noch einmal für Nacharbeiten zur Verfügung zu stehen. „Sein Auge ist herrlich, wenn er lebhaft spricht", erinnert sich der Porträtist, „und der Gesichtsausdruck dann nicht so finster und strenge. Das eigentümlichste ist sein Mund, wo die oberen Zähne weit über die unteren hervorstehen und daher beim Sprechen sichtbar sind. Es interessierte ihn zu wissen, ob ich die Zähne auf der Zeichnung sehen lasse. Er fragte, ob eine Biographie zu dem Werk komme und war, als ich es verneinte, beruhigt". Cottas Bemühungen übrigens führten zum Erfolg. Ludwig Uhland, der Porträt-Verweigerer schrieb seinem Verleger: „Schwab hat mir gesagt, daß es sich nur von einer, wenig Zeit erfordernden Profilzeichnung handle, und hiezu habe ich mich bereit erklärt."

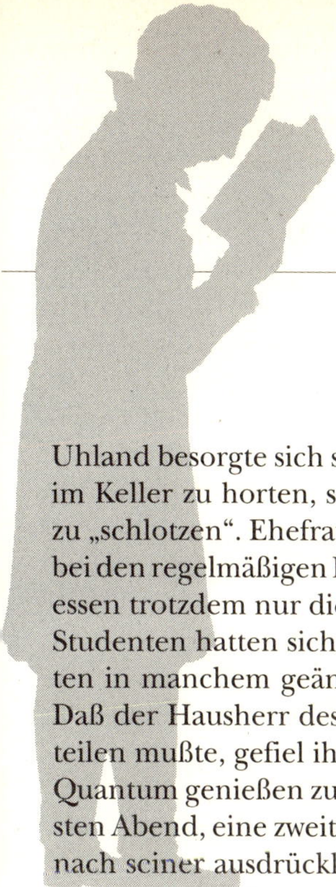

Q

QUANTUM

Uhland besorgte sich seinen jährlichen Weinvorrat nicht, um ihn im Keller zu horten, sondern um abends genüßlich ein Viertele zu „schlotzen". Ehefrau Emilie wußte das ganz genau, stellte aber bei den regelmäßigen Besuchen des Studenten Mayer zum Abendessen trotzdem nur die gewohnte eine Flasche auf den Tisch. Studenten hatten sich vielleicht seit Ludwig Uhlands Studienzeiten in manchem geändert, eines aber war geblieben: ihr Durst. Daß der Hausherr deshalb allerdings seinen Wein mit dem Gast teilen mußte, gefiel ihm ganz und gar nicht. Um sein gewohntes Quantum genießen zu können, bat Ludwig seine Emilie am nächsten Abend, eine zweite Flasche auf den Tisch zu stellen. Aber erst nach seiner ausdrücklichen Bitte: „Hör Liebe! Du solltest, wenn der Karl da ist, immer für zwei Flaschen sorgen!", konnte Uhland den gemeinsamen Abendessen mit dem jungen Studenten wieder gelassen entgegensehen.

R

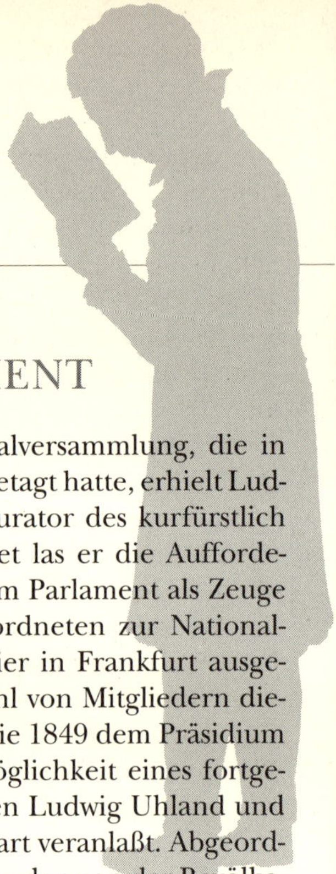

Rumpfparlament

Vier Jahre nach der Frankfurter Nationalversammlung, die in Stuttgart noch kurz als Rumpfparlament getagt hatte, erhielt Ludwig Uhland einen Brief vom „Staatsprocurator des kurfürstlich hessischen Obergerichtsbezirks". Entrüstet las er die Aufforderung, gegen seine ehemaligen Kollegen im Parlament als Zeuge auszusagen. „Wir unterzeichneten Abgeordneten zur Nationalversammlung aus Württemberg haben hier in Frankfurt ausgeharrt, so lange eine beschlußfähige Anzahl von Mitgliedern dieser Versammlung anwesend war", hatten sie 1849 dem Präsidium in der Paulskirche mitgeteilt. Die „Unmöglichkeit eines fortgesetzten parlamentarischen Wirkens" hatten Ludwig Uhland und seine Kollegen zur Heimreise nach Stuttgart veranlaßt. Abgeordnete anderer Länder folgten ihnen und wurden von der Bevölkerung, die in diesen Männern noch eine Chance für die Demokratie sahen, begeistert empfangen.

Ein Professor aus Marburg, ein Bürgermeister aus Hünfeld und ein Fabrikant aus Kassel standen nun, 1852, in Fulda vor Gericht. Die Anklage lautete: versuchter Hochverrat „wegen ihrer Teilnahme am Stuttgarter Rumpfparlament". Niemand konnte in den Junitagen des Jahres 1849 ahnen, daß es einmal soweit kommen könnte, denn der König von Württemberg hatte zunächst versprochen, die Beschlüsse der Nationalversammlung zu achten. Preußische Truppen, die zur endgültigen „Niederwerfung der Insurrektion" aufmarschierten, ließen den König aber wieder in seine „alte selbstherrische Anschauungsweise" zurückfallen. Aus „Gründen der Selbsterhaltung" konnte er das Rumpfparlament nicht länger dulden und ließ Militär, Infanterie und Kavallerie gegen

die Demokraten aufmarschieren. „Ein Infanterieoffizier, um Uhland besorgt, will ihn zwischen seine Männer stellen – der lehnt ab“, heißt es in einem Zeugenbericht über diese letzten Stunden der Nationalversammlung in den Stuttgarter Straßen.
Der von der kurhessischen Staatsanwaltschaft zur Zeugenaussage aufgeforderte Ludwig Uhland legte dagegen Beschwerde ein. Es half nichts: Die drei Angeklagten wurden für schuldig erklärt und zu zwei Jahren Festungshaft verurteilt. Sie teilten dieses Schicksal mit vielen anderen Männern, die von ihren Landesherren gnadenlos verfolgt wurden und sich nur durch Auswanderung oder Flucht ins Ausland retten konnten, „wo Elend und früher Tod so viele erwartete.“
„Unser Streben ist für jetzt ein Vergebliches gewesen, unsere schönsten Hoffnungen sind vernichtet“, hatte ein württembergischer Kollege 1849 an Uhland geschrieben und ihn als einen der Männer, die versucht hatten, die Demokratie zu retten, gebeten, das Amt des Justizministers zu übernehmen. „Die völlig verschobene Stellung, in die mein Antheil an der deutschen Nationalversammlung mich zu der gegenwärtigen Sachlage“ gebracht hat, läßt Ludwig Uhland die ihm angetragene „Staatsstelle“ mit den Worten: „kein Zoll zu einem Minister“ absagen.

S

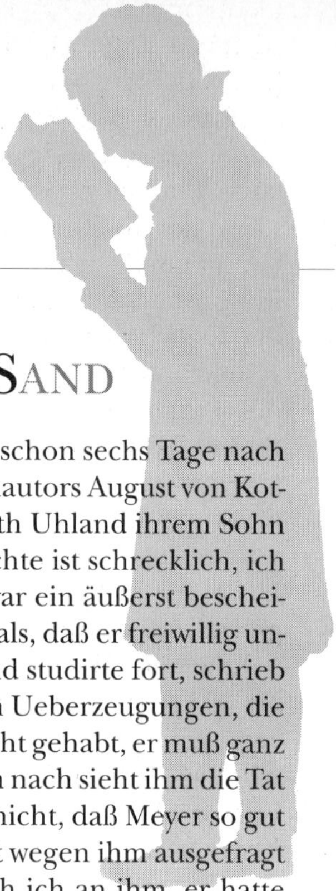

Karl Ludwig Sand

Es sprach sich in Windeseile herum – und schon sechs Tage nach der Ermordung des erfolgreichen Bühnenautors August von Kotzebue (23.3.1819) schreibt Rosine Elisabeth Uhland ihrem Sohn nach Stuttgart: „Die Kotzebuische Geschichte ist schrecklich, ich sahe einmal den Sand, der es gethan, es war ein äußerst bescheidener Mensch und ich bedauerte ihn damals, daß er freiwillig unters Militär ging, nachher wurde er frei und studirte fort, schrieb einmal Meyer von Erlangen aus von seinen Ueberzeugungen, die er nun als Theolog erhalten und früher nicht gehabt, er muß ganz exaltirt worden seyn, seinem ganzen Wesen nach sieht ihm die Tat nicht gleich, er muß irr seyn, sage es aber nicht, daß Meyer so gut mit ihm bekannt war, er könnte auch sonst wegen ihm ausgefragt werden. Den ersten altdeutschen Rock sah ich an ihm, er hatte mehr ein Frauenzimmer- als ein männliches Gesicht."

Nicht weit vom Uhlandschen Haus in der Hafengasse entfernt, nämlich in der Neckargasse, hatte Karl Ludwig Sand ein kleines Zimmer beim Spezereihändler Spellenberg gemietet und im Wintersemester 1814/15 Theologie studiert. Frau Uhlands Mann war der Universitätssekretär; vielleicht traf sie den Studenten Sand einmal in diesem Zusammenhang, vielleicht auch zufällig auf einem ihrer Wege durch Tübingen. Sand blieb nicht lange, wohl auch, weil alles „ein wenig teuer" war. „So kostet mich z.B. meine Wohnung, ein einziges Zimmerchen mit einer Kammer, Bett und einigen schlechten Geräten mit Bedienung 67 Gulden", schrieb er seinem Bruder.

Kotzebues Ermordung durch den Studenten Sand nahm der Deutsche Bund unter Führung Metternichs zum Anlaß, gegen

„demagogische Umtriebe“ an den Universitäten streng vorzugehen. Mit den darauffolgenden „Karlsbader Beschlüssen“ vom September 1819 wurde ein staatlich bevollmächtigter Universitätsaufseher bestellt, der Lehrende und Lernende zu überwachen, die freiheitlich-demokratisch und national ausgerichteten Ideen der Studenten und Professoren aufzudecken, zu bekämpfen und die Übeltäter gnadenlos zur Anzeige zu bringen hatte. Ein prominentes Tübinger Opfer dieser Obrigkeitstyrannei war der Rektor der Universität, Jonathan Friedrich Bahnmeier. Im Frühjahr 1819 hatte Ludwig Uhland noch in engem Kontakt zu ihm gestanden wegen einer Vermittlung an die Basler Universität. Da fiel Bahnmeier im August des gleichen Jahres in königliche Ungnade. „Als Rektor zum Bericht aufgefordert“, hatte er, „über die Stimmung der Studierenden in betreff der Ermordung Kotzebues durch Sand, ... berichtet, daß diese von den Studierenden nicht schlechthin als Verbrechen verdammt, sondern als eine unglückliche, aus patriotischem Interesse hervorgegangene, Teilnahme und Mitleiden verdienende Verirrung betrachtet werde.“ Nach diesem ungeheuerlichen Bericht wurde Bahnmeier als Dekan ins provinzielle Kichheim/Teck zwangsversetzt. Der Kontakt zwischen dem Rektor und Ludwig Uhland kann den scharfen Beobachtungen der Spitzel kaum entgangen sein, denn Uhlands Eltern schreiben von dem „Gerücht, es komme eine Kommission von Stuttgart nach Tübingen, um Untersuchungen wegen politischen Verbindungen anzustellen“. Aber der Sohn kann sie beruhigen: Es „wird wohl nicht viel herausgekommen sein, wie denn überhaupt viel blinder Lärm zu seyn scheint.“

Schlittschuhlauf

Denken wir an Ludwig Uhland, sehen wir ihn in seiner Studierstube, im Parlament, vielleicht am Wirtshaustisch in Gesprächsrunden und als jungen Dichter in Stuttgart vor uns. Es gibt aber auch noch den Sportsmann Uhland. Als Kind galt er als wild und unbändig; Ludwig liebte Ritterspiele, Erkundungsausflüge in die Wälder Tübingens und allem voran die Bewegung an der frischen Luft. So sollte es sein Leben lang bleiben: Er blieb „bis ins höchste Alter ein sehr rüstiger Fußwanderer und, selbst in den Alpenländern, ein geübter Bergsteiger. Noch ein Jahr vor dem Tod badete er, wie seit lange seine Gewohnheit gewesen, im Spätsommer bei einer Temperatur von oft nicht mehr als elf Graden Wärme, im Bodensee".

Und so wie er das schwerelose Bewegen im Wasser liebte, so behagte ihm das mühelose Dahingleiten auf dem Eis. Uhland liebte das Schlittschuhlaufen schon lange, bevor es um die Mitte des 19. Jahrhunderts als modern galt und soll es „zur Virtuosität gebracht" haben auf dem Eis. In Paris gab es schon um 1800 einen „Palais de Glace", dessen überdachte Eisfläche Herren mit Zylinder und Spazierstock ebenso bevölkerten wie eng korsettierte Damen in langen Röcken und taillierten Jacken – alle auf Schlittschuhen. Gut möglich, daß Ludwig Uhland seine Studien in den staubigen Akten der Nationalbibliothek gerne einmal unterbrach, um hier an frischer, kühler Luft einige Runden auf dem Eis zu drehen.

Später war es der zugefrorene Neckar, auf dem Karl Mayer seinen Freund Schlittschuhlaufen sah und in seinen Erinnerungen festhielt, wie gut Uhland das konnte. Die Uhland begleitenden Studenten erlebten einmal mehr ihren Professor als ungewöhnlichen Mann. Zu Ludwig Uhlands Lebzeiten bedeckte nur im Jahre 1830 eine geschlossene Eisdecke den Bodensee. Es ist nicht bekannt, ob er die „Seegfrörne" nutzte, um sich auf Schlittschuhen den Wind des Schwäbischen Meeres um die Nase wehen zu lassen. Begleitete Emilie ihren Ludwig manchmal auf dieses glatte Parkett? Es ist nichts überliefert. In Stuttgart aber hat sie wahrscheinlich ein Töchterinstitut besucht, in dessen Programm schon um 1805 etwas ungeheuer Modernes als Unterrichtsfach stand: Schlittschuhlaufen.

Schreibort

Uhlands Begeisterung über einen Besucher aus England, der unbedingt in näheren Kontakt zu dem verehrten Dichter treten wollte, hielt sich in Grenzen; er zeigte ihm die kalte Schulter. Der Ärger des frostig Empfangenen schlug sich in wenig freundlichen

Uhlands Arbeitszimmer.

Zeilen nieder, die literarische Rache folgte auf den Fuß. Er beschrieb Uhland als ein „kleines Männlein“, das „den lieben langen Tag in seinem Studierzimmer hockt und Gott weiß über was für einen Gegenstand brütet.“
Auch wenn die Muse ihren Uhland in seiner zweiten Lebenshälfte nicht mehr so stürmisch küßt, Tübingen ist sein Geburtsort und wird zu seinem Schreibort: Das Haus in der Gartenstraße, das Studierzimmer mit Blick auf den Neckar und der alte Schreibtisch. Der nun allerdings stellt für Ehefrau Emilie ein Ärgernis dar. Schäbig sieht er aus, am liebsten hätte sie das alte Ding entrümpelt. Damit beißt sie bei Ludwig auf Granit. Er beharrt auf seinem Möbelstück, vielleicht in Erinnerung an früher; vielleicht auch, weil Schreiben immer etwas mit Atmosphäre, mit Stimmungen zu tun hat. Da kann es zu Ausschweifungen kommen, wie August Wilhelm Schlegel einst meinte. Aber in solche Gefahren gerät Uhland nicht. Das Schreiben ist nach seinem Dichterfrühling nun in den mittleren und späteren Jahren seines Lebens zum soliden Handwerk geworden. Und für die Präzisierung des Denkens, für die Formulierung seiner Sätze braucht er eine gute Unterlage. „Ach, laß mir meinen Schreibtisch“, entgegnet er seiner Frau,

wenn mal wieder eine der angedrohten Aufräumaktionen ins Haus steht.
Wie sein Kollege Schiller, der den Duft von reichlich angefaulten Äpfeln zur Geistesarbeit benötigte, so hat Uhland seinen unverrückbaren, stets wartenden, aber ihn auch zur Arbeit mahnenden Ort des Schreibens. Sein Landsmann Wilhelm Hauff brachte das Kunststück fertig, in der fahrenden Kutsche zu schreiben, Goethe bevorzugte das Stehpult, Droste-Hülshoff liebte ihr Weinberghäuschen oberhalb von Meersburg, und die Wildermuth zog sich manchmal in den „Glaspalast" ihrer Nachbarn Uhland zurück. Dieses Gartenhäuschen nutzte auch der Hausherr – zum Nachdenken, für Naturbetrachtungen, vielleicht auch für erste Entwürfe. Aber der „Glaspalast" bleibt Interimsort für die Arbeit mit der Feder. Uhlands Schreibort ist der Schreibtisch.

Schweigen

Friedrich Hebbel berichtet seiner Frau Christine am 26. Januar 1858 eine Geschichte über Ludwig Uhland, die in Literatenkreisen die Runde gemacht haben muß, denn Hebbel hatte sie in Weimar von einem Schwaben gehört. Varnhagen von Ense, der Freund aus Studientagen in Tübingen, hatte einst gemeint, Uhland sei „der entschlossenste, hartnäckigste Schweiger, der mir noch vorgekommen". Und Hebbel wird dies bestätigt haben, nachdem er folgende Geschichte gehört hatte: „Uhland zankt sich einmal mit seiner Frau und beschließt, sie dadurch zu strafen, daß er drei Tage lang kein Wort mit ihr spricht. Das hält er auch redlich und als Beide nach abgelaufener Pönal-Frist bei Tische sitzen, fragt er sie: 'Nun?' Sie blickt verwundert auf und er fragt weiter: 'Merkst Du nichts?' Sie erwidert ganz naiv: 'Nein!' Und es ergibt sich, daß sie, an das ewige Schweigen ihres Stummen, dem nur ein Erdbeben die Lippen aufsprengt, längst gewöhnt, in den drei Tagen des Grimms gar keine Veränderung gespürt hat."

Schwester

Im Alter von sieben Jahren verliert der kleine Ludwig seinen Bruder Friedrich; ein Jahr später, 1795, wird die Schwester Louise geboren. Sie wird das typische Leben eines Mädchens aus den höheren Ständen leben. Nach ein paar Jahren Unterricht in der

Louise Uhland, die Schwester des Dichters.

Schule lernt sie alles sonst noch Nötige wie Kochen, Nähen und Haushaltsführung bei der Mutter zu Hause, der sie gleichzeitig Hilfe und Unterstützung sein soll. Es ist nicht bekannt, ob Louise Uhland zu den Mädchen gehört, die das 1798 in Tübingen ge-

gründete höhere Töchterinstitut der Julie von May besuchen. Das war etwas ganz Neues, Ungewohntes, daß man die Töchter noch nach der Konfirmation zum Lernen in eine Schule schickte. Viele Tübinger Professoren aber begrüßen diese neue Entwicklung und billigen den Töchtern großzügig zu, was für die Söhne selbstverständlich ist: Bildung. Wie mag Papa Uhland darüber gedacht haben? Ob er bereit war, das nötige Schulgeld zu bezahlen?
Wie dem auch sei, eingesperrt oder gar zur sanften Stummheit wird Louise nicht erzogen. 1810 schreibt sie dem Bruder nach Paris: „Du bist und bleibst auch in Paris immer noch der alte trockene Vetter, schreibst nur immer von Bibliotheken, Museen usw., Sachen, die mich ganz und garnicht interessieren. Schreibe lieber auch von den Pariser Mädchen, was sie für Kleider anhaben, wie sie gemacht sind u. dgl. Auch von der Kaiserin und von ihrem Anzug möchte ich viel wissen, was freilich für Dich blinden Heß schwere Fragen sind. Doch für was hast Du Deine Brille? Auch von der Kocherei möchte ich hören."
Wir ahnen, was geschieht: Bruder Ludwig ist nur bedingt tauglich für die Modeberichterstattung. Der „Putz der Damen" erscheint ihm „in der Hauptsache ziemlich gleich", über die Haare kann er lediglich berichten, daß sie herabhängen und „in mehrere Lokken gerollt waren".
Louises frische Art kommt gut an, sie ist beliebt und wird gerne eingeladen, so auch zum Geburtstagsfest der Frau des Universitätspräsidenten von Wangenheim. Zu diesem Anlaß waren „ungefähr 30 Frauenzimmer und viele Herren in den Trauben auf Thee und Tanz und Souper, von Abends halb sieben bis Morgens halb vier Uhr" eingeladen. Die Tochter des Universitätssekretärs Uhland ist fast 20 Jahre alt und macht Eindruck auf die Herren der Schöpfung. Ihr Vater berichtet von einer „Frauenzimmer-Schlittenfahrt", die sich, vom zufällig vorbeikommenden Tübinger Kommandanten, einem Kosakenleutnant, eskortiert nach Bühl begab, worauf sich die Wangen mancher jungen Dame nicht nur allein durch den Schnee gerötet haben sollen. Einige von Uhlands Studienfreunden sind mit von der Partie, und es wird getanzt, geflirtet. Gut möglich, daß Sophie Gmelin, die Freundin von Louise Uhland und spätere Frau Schwab, bei einer dieser Gelegenheiten ihren Gustav kennenlernt.

Dem „Louisle" ist nicht so sehr nach Heiraten zumute; sie reist lieber in der schwabenländischen Welt umher: auf die Teck, zu Verwandten und Bekannten und zum Bruder nach Stuttgart. Im Dezember berichtet sie Ludwig von der Werbung des Theologiestudenten Meyer um ihre Hand. Recht begeistern kann sie sich nicht und vertröstet den Verliebten erst einmal. Dieses Schicksal teilt er mit anderen Abgewiesenen – zunächst. Doch dann entwickeln sich die Dinge zu seinen Gunsten, und am 2. Mai 1818 heiratet Louise Uhland den Diakon Meyer von Pfullingen. Ludwig Uhland schreibt seiner Schwester zur Hochzeit das Gedicht „Du lebtest an der Eltern Herde". Jetzt kann Louise zeigen, was sie dort gelernt hat, denn nun muß sie einem Haushalt ganz allein vorstehen. Das ist zu Beginn des 19. Jahrhunderts eine Aufgabe von beträchtlichem Umfang: Vorratshaltung nach vorheriger Eigenproduktion und Zubereitung, zweimal jährlich ganz große Wäsche, die nur mit fremder Hilfe zu bewältigen ist, aufwendiges Putzen, Näh- und Flickarbeiten, Kochen, und, und ... 1819 bringt Louise ihr erstes Kind im Haus der Eltern in Tübingen zur Welt. Bis auf den kleinen Conrad, der 1827 mit drei Jahren an Hirnhautentzündung stirbt, überleben Louises vier Kinder alle.
Das Verhältnis des Schwiegersohns Meyer und der zwei Jahre später dazukommenden Schwiegertochter Emilie zur Familie Uhland war harmonisch. Briefe, in denen Sorge um den anderen, Freude und Teilnahme oft sehr innig – besonders von den Frauen – zum Ausdruck kommt, zeigen es. Louise schickt ihrem Bruder Geburtstagsglückwünsche und meint mit Blick auf seine bevorstehende Hochzeit: „Ob ich gleich glaube, Deine jetzige Lage läßt Dir kaum mehr etwas zu wünschen übrig." Über Louises Kinder berichtet Emilie ihrem Ludwig Jahre später: „Meyers mit lieben Kindern sind angekommen." Im Jahre 1831 bekommt Louise Meyer, geborene Uhland eine Tochter. Sie wird Friederike nicht mehr aufwachsen sehen, denn 1836 stirbt Ludwig Uhlands Schwester – fünf Jahre nach ihren Eltern und 26 Jahre vor ihrem Bruder.

„Seegassenkönigin“

Nachdem Emilie Pistorius, verwitwete Vischer, mit 40 Jahren nach der Geburt ihres zehnten Kindes stirbt, heiratet ihr Mann, der Hofrat, zwei Jahre später ihre Schwester Eleonore. Während Emilie Uhlands Mutter als Wohltäterin der Menschen bekannt ist, zieht es deren schwesterliche Nachfolgerin zu anderen gesellschaftlichen Aufgaben. In Stuttgart ist sie bald als „Seegassenkönigin“ bekannt. Sie etabliert in ihrem Haus in der Friedrichstraße (früher: Seegasse) eine Einrichtung, die für das Leben ihrer Stieftochter und Nichte Emilie Vischer von einschneidender Bedeutung sein wird – einen Salon. Wer ihn besucht oder eingeladen wird, begibt sich in die vornehme Gegend der Residenzstadt. Der Leibarzt des Königs, englische und französische Abgesandte, hohe Offiziere und Kammerherren wohnen hier ebenso wie später das Ehepaar Hartmann-Reinbeck, dessen Haus auch zu den gesellschaftlichen Treffpunkten gehören wird. Zu den vielen Gästen der „Seegassenkönigin“ gehören Jean Paul, Friedrich Rükkert, Gustav Schwab, Justinus Kerner und ihr zukünftiger Schwiegersohn Ludwig Uhland. Zum Empfang ihrer berühmten Besucher saß Eleonore von Pistorius „in der Mitte des Sofas, trug ein schwarzes Seidenkleid und weiße Handschuhe und präsentierte unter der Kopie von Raffaels Sixtinischer Madonna“.

Emilie Vischer lebt als junge Frau in einem der ersten Häuser Stuttgarts, dessen Patriarch nicht nur Zugang bei Hofe hat, sondern König Wilhelm auch bei sich zu Hause empfängt. Aber sie verträgt sich nicht gut mit der neuen Frau des Hauses. Tante hin, Stiefmutter her – Emilie ist fast 20 Jahre alt, verfügt über genügend eigenes Geld und verläßt kurzerhand das Haus des Hofrats Pistorius. Sie zieht in das Haus ihrer Schwester, deren Mann, Karl Roser, ein Freund von Uhland ist. Im Juli 1819 schreibt Ludwig, der seit zwei Jahren bei Rosers wohnt, in sein Tagebuch: „Abendessen bei Rosers mit Emma, die dort logiert.“ Wenige Tage später erfahren es auch die Eltern in Tübingen. „Emma ist jetzt meine Hausgenossin, sie wohnt nun ganz bei ihrer Schwester.“

Ein wenig bedenklich ist das schon, was die „Seegassenkönigin“ da angerichtet hat: zwei Verliebte unter einem Dach, und das in solch sittenstrengen Zeiten, die manche Damen schon beim Gedanken an derartige Ungeheuerlichkeiten rot werden läßt! Besorgt kommt Mutter Uhlands Anfrage aus Tübingen: „Warum ist Emma aus ihrem väterlichen Haus? zog sie ein Magnet in das eurige?“ Die lebenserfahrene und so liebenswürdig-offene Rosine Elisabeth Uhland spürt natürlich, wie es der Verlobten ihres Sohnes gehen muß und versucht, ein wenig vom dem auszugleichen, was die „Seegassenkönigin“ ihrer Stieftochter nicht geben kann: „Ketten Sie sich, liebe Tochter an uns, so bin ich höchst glücklich. Bin ich wie auch mein lieber Mann im Stand, in die Stelle Ihrer lieben Eltern, die Sie nun gerade in diesem Zeitpunkt am stärksten vermissen werden, einzutreten, so werde ich mir diß zur angenehmsten Pflicht machen.“

Siebzehnerausschuss

Zum ersten Mal in der deutschen Geschichte sollte nach den Märzereignissen des Jahres 1848 ein gemeinsames Parlament aller deutscher Staaten seine Arbeit aufnehmen, und zwar in der Frankfurter Paulskirche. 1792 war dort der Habsburger Franz II. von Österreich zum letzten Kaiser des Heiligen Römischen Reiches Deutscher Nation gekrönt worden.
Ein halbes Jahrhundert später, das den Menschen Europas neue Dimensionen ihres Daseins vorgeführt hatte, machte sich Ludwig Uhland auf den Weg nach Frankfurt. Sein Freund und politischer Weggenosse Paul Pfizer hatte ihn aufgefordert, einer der „Siebzehner“ im Bundestag zu werden. Schon wenige Tage später gehörte Uhland mit Billigung des Königs zu dem exklusiven Kreis der 17 berufenen Vertrauensmänner, deren Aufgabe darin bestand, die Arbeit des neuen Parlaments vom 18. Mai 1848 in Frankfurt vorzubereiten.
Uhland erlebt die Stadt „festlich geschmückt, der Zug vom Römer in die Paulskirche war feierlich und die Verhandlung belebt.“ Zunächst rechnet er mit keinem längeren Aufenthalt und meinte, bald wieder in Tübingen zu sein. Darin sollte er sich täuschen.

„Pregelte Spatzen“

Wein und Brot

Solche Düfte sind mein Leben,
Die verscheuchen all mein Leid:
Blühen auf dem Berg die Reben,
Blüht im Tale das Getreid.

Donnern werden bald die Tennen,
Bald die Mühlen rauschend gehn,
Und wenn die sich müde rennen,
Werden sich die Keltern drehn.

Gute Wirtin vieler Zecher!
So gefällt mir's, flink und frisch;
Kommst du mit dem Wein im Becher,
Liegt das Brot schon auf dem Tisch.

Ludwig Uhland schätzte feines Essen und wurde von seiner Mutter, dieser ausgezeichneten Köchin, mit Speisen verwöhnt, die sie extra für ihn kaufte oder zubereitete. Als Uhland 1810 in die Kutsche stieg, um nach Paris zu reisen, wartete eine Stadt auf ihn, in der sich die noch heute legendäre „Grande cuisine“ auf immer feinere Gaumengenüsse spezialisierte. Schildkrötensuppe, in Champagner gedünstete Trüffel, feinste Pasteten und köstlichste Dessertkreationen gehörten zum Angebot in Luxusgastronomie und Delikateßläden. Seinen Eltern, besonders aber der Mutter, berichtet Ludwig sehr ausführlich über die Tisch- und Eßgewohnheiten der Franzosen. In einer Zeit, da es in Württemberg mehr als eigenartig anmutet, aus kulinarischem Vergnügen im Gasthaus zu essen, wird dem Gast vom „Restaurateur“ in Paris etwas bisher Unbekanntes vorgelegt: eine Speisekarte. Uhland schildert ihren Aufbau und Inhalt genau, schließlich ist es „die Kost, wegen der mich die l. Mutter befragt.“ Daß das Reisebudget des Sohnes für die meisten der angebotenen Gaumenfreuden nicht ausreicht, weiß Rosine Elisabeth Uhland. „Ich bedanke mich vor die Beschreibung der Köstlichkeiten die in den Gasthöfen zu haben sind, hier wirst oft auch müssen bei manchen Speisen wegen ihrer

Theure Dich am Geruch begnügen müssen und dadurch viel profitieren lernen von der Tugend der Entbehrlichkeit."
Uhland als „Gourmet" zu bezeichnen, wäre überzogen, aber er genießt eine gute Küche. Die muß aber keineswegs immer neue Kochtopfkreationen für ihn zaubern. Ludwig liebte „Tübinger Kalbschlegel" und bekommt von der Frau seines Freundes Roser öfters „pregelte Spatzen" (gebratene Spätzle) vorgesetzt. „Mein Leibessen" nennt er es.
In der Stuttgarter Junggesellenzeit erreichen Ludwig Uhland öfters kleine Versorgungspakete aus Mutters Küche mit Fisch, Schinken, Gänse- und Entenschlegel. Am liebsten aber sitzt er an ihrem Tisch in Tübingen. Deshalb muß schon ein besonderer Grund vorgelegen haben, daß Uhland sich im Februar 1819 eine extra für ihn zubereitete Mahlzeit entgehen läßt. Umsonst warten die Eltern auf ihn. „Die Mutter hat schon gesulzte Schweinsöhrlen gemacht, von welchen sie wußte, daß Du Liebhaber seyst, die ich eben jetzt allein esse", schreibt ihm sein Vater wenige Tage später. Wie Mutter Uhland die ehemännliche Versorgungssituation ihres Sohnes bei Abwesenheit von dessen Ehefrau sieht, wird Ludwig klar, wenn er von ihr lesen muß: „Aber Dir wird es ganz ungewohnt seyn, allein zu speisen, den Küchenzettel zumachen u. dgl. Doch man muß Alles lernen."

Stammbuch

Im Jahre 1854 zog Friederike, die Tochter des Uhland-Freundes Karl Mayer, mit ihrem Mann nach Amerika. Aus diesem Anlaß trugen sich Freundinnen, Bekannte, Freunde und Familienangehörige in ihr Stammbuch ein. Unter ihnen auch Ludwig Uhland mit seinem Gedicht „Auf die Reise".
Stammbücher, später Poesiealben, waren modern. Studenten fingen damit an, und schon bald schleppten Bürger, die etwas auf sich hielten, Handwerksburschen und Dienstmägde ein mehr oder weniger wuchtiges Exemplar mit sich herum, legten es auf den Tisch und brachten die so Aufgeforderten nicht selten in eine geistige Klemme. In der Not setzte mancher nur seinen Namen hinein, viele aber zeichneten oder malten, manche fertigten

Schattenbilder und verfaßten kleine Verse. Locken, getrocknete Blumen und kleine Briefchen gehörten ebenso zur Dekoration. Vom Dichter Ludwig Uhland erwarteten die Mitmenschen und Stammbüchler natürlich etwas Besonderes, aber auch ihm purzelten die Verse nicht einfach nur so aus der Feder. Verdrossen soll er eines Tages geäußert haben: „Wann hört der Himmel auf zu strafen/Mit Albums und mit Autographen!“ Zu dieser Zeit war er bereits ein berühmter Mann und die Wünsche um Einträge in Stammbücher entsprechend häufig. Als Student besaß Uhland ebenfalls ein Stammbuch; Karl Mayer, Varnhagen von Ense, der Vetter Ernst Uhland, Professor Conz und viele heute Unbekannte trugen sich ein. Ludwigs Schwester Louise schrieb im Mai 1810, also kurz vor der Abreise des Bruders: „Bis Du wieder kommst/Bin ich nicht mehr so klein,/Und werde, so Gott will!/Dann auch vernünftiger seyn. Dein! Dein! L.U.“
Ludwig Uhlands Stammbuch existiert nur noch in einigen wenigen Einzelblättern, die im Deutschen Literaturarchiv in Marbach am Neckar aufbewahrt werden.

Auf die Reise

Um Mitternacht, auf pfadlos weitem Meer,
Wann alle Lichter längst im Schiff erloschen,
Wann auch am Himmel nirgends glänzt ein Stern,
Dann glüht ein Lämpchen noch auf dem Verdeck,
Ein Docht, vor Windesungestüm verwahrt,
Und hält dem Steuermann die Nadel hell,
Die ihm untrüglich seine Richtung weist.
Ja! wenn wir's hüten, führt durch jedes Dunkel
Ein Licht uns, stille brennend in der Brust.

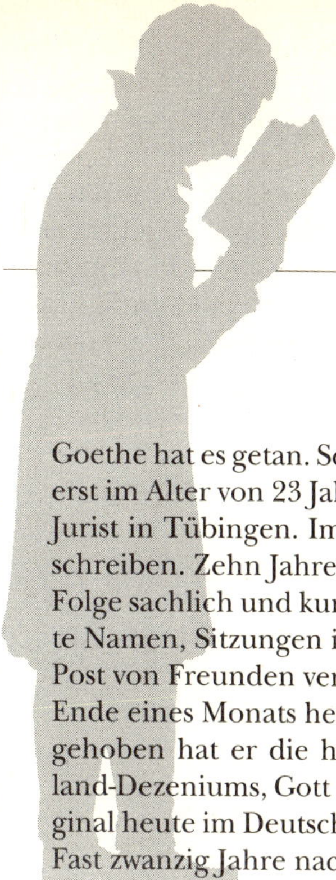

T

Tagebuch

Goethe hat es getan. Sein Leben lang. Täglich. Uhland auch, aber erst im Alter von 23 Jahren und kurz vor seiner Promovierung als Jurist in Tübingen. Im Januar 1810 beginnt er, ein Tagebuch zu schreiben. Zehn Jahre wird er in kaum unterbrochener täglicher Folge sachlich und kurz Theateraufführungen, Besuche, bekannte Namen, Sitzungen im Parlament, Ausflüge und eingegangene Post von Freunden vermerken. Lose Blätter benutzt er dafür, am Ende eines Monats heftet er sie zusammen und legt sie weg. Aufgehoben hat er die handschriftliche Chronik dieses einen Uhland-Dezeniums, Gott sei Dank. So befindet sich das kostbare Original heute im Deutschen Literaturarchiv in Marbach am Neckar. Fast zwanzig Jahre nach dem Tod von Emilie Uhland konnte das Tagebuch ihres Mannes im Jahre 1897 gedruckt erscheinen. In der Württembergischen Landesbibliothek ist es ausleihbar.

„Brief von Kerner" lautet die erste Eintragung am 1.1.1810. Justinus Kerner – ein Freund, zu dem der Kontakt nie abbricht, der Freund, der ihn einst aus seiner Tübinger Gedankeneinsiedelei befreite. Viele bekannte Namen treten den Lesern aus diesen „ehrwürdigen Blättern" entgegen. Einer wird für Uhland ganz besonders wichtig: Emilie Vischer, genannt Emma. Am 15. Dezember 1814 – sie ist 15 Jahre alt – vermerkt der 27jährige Uhland zum ersten Mal seine spätere Frau. Ein Spaziergang nach Cannstatt bei frühlingshaftem Wetter und in Begleitung eines ganzen Familienclans ist die Auftaktveranstaltung für eine jahrzehntelange, glückliche Ehe. Drei Tage nach dem Ausflug heißt es wieder – in bedeutungsschwangerer Kürze – im Uhlandschen Tagebuch: „Emma".

Aber nicht nur Liebesangelegenheiten, auch das tägliche Pensum der „schaffenfrohesten Zeit seines Lebens“ notiert Uhland und läßt uns unmittelbar an Zeitproblemen, Schreibblockaden und erfolgreich abgeschlossenen Kapiteln teilhaben. Nur mit „des Verfassers bekannter Strenge gegen sich selbst“ ist es zu erklären, daß Uhland seinen großen Erfolg, die Festaufführung des Trauerspiels „Ernst, Herzog von Schwaben“ anläßlich des Verfassungsfestes nur erwähnt mit den Worten: „Theater, Prolog, Gesang, Herzog Ernst.“ Nein, Ludwig trägt sein Herz wahrlich nicht auf der Zunge. Da gehört sein Tagebucheintrag: „Es ist doch schön auf der Welt“ zu den Höhepunkten emotionalen Überschwangs, der sich nur deshalb in so schwindelerregende Höhen begibt, weil Emma ihm soeben nicht den Bund fürs Leben verweigerte. Da gehen selbst mit einem Uhland die Gefühle durch. „Der schöne Himmel, bei Tag die schönen Bäume“ – seine Begeisterung kennt keine Grenzen, die poetischen Herzenstexte allerdings schon.
Mit dem 31. Dezember 1820 endet Uhlands Tagebuch. Daß er es fortgeschrieben hätte, ist nicht bekannt. Vielleicht brauchte er es nicht mehr, weil ausführliche Gespräche und intensive Briefwechsel mit Emilie die Funktion des Tagebuchs übernommen hatten.

„Theelieder“

Lange nachdem der Kaffee seinen Siegeszug durch Europa angetreten hatte, wurde es zu Beginn des 19. Jahrhunderts modern, Tee zu trinken. Vor allem Frauen waren es, die dieser anregenden, aber weniger aufregenden Stimulans zum Erfolg verhalfen, Tee trinken zur Mode machen. Die „teetisch-ästhetische Geistreichigkeit“ fand sich in den Salons und anderen Kreisen, in denen Frauen dominierten. 1811 dichtete Uhland das „Teelied“.

Den Männern will es schwer gelingen,
Zu fühlen deine tiefe Kraft;
Nur zarte Frauenlippen dringen
In deines Zaubers Eigenschaft.

Ich selbst, der Sänger, der dich feiert,
Erfuhr noch deine Wunder nicht ...

Karl Mayer (1786–1870). *Gustav Schwab (1792–1850).*

Ob das Geburtstagsfest der Frau des Universitätspräsidenten von Wangenheim oder nachmittägliche Zusammenkünfte einiger Damen im Haus des Hofgerichtsadvokaten Hehl – in Tübingen war Teezeit. Nun konnte nicht immer nur geplaudert werden beim genüßlichen Schlürfen des Tees. Und so schlug die Stunde der Tübinger Hausdichter – alle noch nicht lange der Universität fern und dem gesellschaftlichen Treiben des Städtchens Tübingen seit Jahren verbunden. „Schwab, Mayer und ich schicken alle Tage der Doktorin Hehl ... neue Theelieder zu. Es ist ein wahrer Wettkampf. Karl Mayer wird auch eines machen. Schwab hat 2 gemacht, und von Dir erwarte ich Succurs (Hilfe) von einem halben Dutzend, da Du ja mit Theegeschichten handelst", schrieb Uhland in launiger Stimmung seinem Kerner im März 1811.

Tübingen und Paris

Bildungsreise

Ich soll nicht mehr zu Hause weilen:
Auf Reisen, hieß es, wird man klug;
Schon wandr ich volle sieben Meilen,
Und noch ist's lange nicht genug.

Man steckte mich in warme Kleider,
Mir wird darin nur allzu heiß;
Man gab mir Lehren, die ich leider!
Nicht alle aufzuheben weiß.

Die Menschenkenntnis macht mir Sorgen,
Wie ich mir die verschaffen mag;
Zu manchem sagt ich: guten Morgen!
Er sagte wieder: guten Tag!

Dort seh ich einen Weinkranz hangen,
Und dies hab ich mir schon gemerkt:
Wenn man was Rechtes ist gegangen,
Daß dann ein Gläschen labt und stärkt.

Das Königreich Württemberg und die Stadt Paris haben zu Beginn des 19. Jahrhunderts etwas gemeinsam: die Zahl ihrer Einwohner (650 000). Tübingen und Ludwigsburg galten nach der Residenzstadt Stuttgart als die bedeutendsten Städte Württembergs. Der noch dörfliche Charakter Tübingens zeigt sich in der Struktur seiner Bewohner, überwiegend Handwerker, Weingärtner und Tagelöhner sowie in der weit hinter der Landwirtschaft zurückliegenden Bedeutung von Handel und Gewerbe. Besucher empfinden das Städtchen als schmutziges Nest, schwarz, klein und baufällig. „Hier sitzt im Dreck die schwäbische Alma mater" berichtet ein Besucher aus England. Aus dieser Tübinger Ländlichkeit in das Getriebe der französischen Großstadt kommend, schreibt Uhland seinen Eltern im Oktober 1810: „Die Straßen sind schröcklich schmutzig und mit den Schirmen ist es unter der

großen Menge ein höchst beschwerliches Gehen." Zeitgenössische Reiseratgeber widmeten der Frage des gesunden Fortkommens auf den Pariser Straßen nicht ohne Grund einige Seiten: „Nehme dabey sich jeder Fußgänger, der keine so biegsame Springnatur als der geborene Pariser hat, von den in Unzahl daher rollenden Cabriolets in Acht. Ihrem Gewirre auszuweichen ist geradezu unmöglich." Die so „zwar nach der treusten Wahrheit, aber allerdings nicht vortheilhaft geschilderten Straßen" der französischen Hauptstadt boten dem soeben promovierten Doktor Uhland aus Tübingen eine reichhaltige Palette von Unterhaltungsmöglichkeiten: Schauspielhäuser, Bälle, Theater, Empfänge, Teegesellschaften, Cafés, Galerien, Spielsäle, Museen, „Glückssager", Restaurants, öffentliche Badeplätze, Kuriositätenhändler, Straßenkünstler und promenierendes Volk auf den Boulevards. Die Krönung Kaiser Napoleons, dann seine Scheidung von Gemahlin Josephine und auch die Industrieausstellung von 1806 beherrschen das Gespräch der Menschen. Welch ein Kontrast zu seiner Heimatstadt mit ihren 6000 Einwohnern! Dort war es „weder in den Gewohnheiten, abends ungebeten befreundete Familien am Theetische aufzusuchen – schon aus dem Grunde, weil kein solcher Tisch bestand – noch hatte man etwa einen bestimmten Abend in der Woche, an welchem man zu Hause und zum Empfange von beliebigen Besuchen bereit gewesen wäre."
Oft lesen wir in Uhlands Briefen an Kerner, daß er sich in Tübingen unwohl fühlt: „Mein Leben ist gar zu einsam und öde! Es ist mir, bei meiner jetzigen Lage, hier unaussprechlich entleidet." Der Freund war zu dieser Zeit schon auf Bildungsreise in Hamburg, Ludwig mußte sein Studium erst noch beenden. Er vermißte Justinus. Seine Reise nach Paris stand aber schon in Aussicht und sollte ihn für erlebnisreiche Monate in eine andere Welt entführen.
„Tübingen ist worden zu einem Trübingen", schreibt Ludwig 1807 an Justinus, und es freut ihn „nicht besonders, daß ich einen großen Teil der Vakanz in dem nun ziemlich verlassenen Tübingen zuzubringen habe." In Paris trifft er auf das genaue Gegenteil. „Alles ist so ausgetreten und bestäubt." Kein Wunder, denn kaum „sieht man noch das Viertel der Sonnenscheibe auf dem Horizonte, und schon durchwandern und durchstreifen alle Leute von

der Feder, alle Studierzimmerbewohner, die Poeten, die Handwerker, die Legion der vom Tische aufstehenden Müßiggänger nach allen vier Winden hin die reichen Quartiere der Stadt." Während im heimatlichen Tübingen der Nachtwächter seine Laterne vorbereitete, betrat Ludwig Uhland auf seinem abendlichen Spaziergang vielleicht auch einen der berühmten Pariser Papierläden. Statt der noch überall üblichen Papierstapel, „die bis an den Oberboden reichende Säulen bildeten", gibt es hier eine einzigartige Neuheit: in Fächern übersichtlich sortierte Pappschachteln, in denen die Papierbögen in sortierter Auswahl auf den Dichter, die Briefschreiberin oder den Gehilfen des Advokaten warteten. Das weitere Angebot der Papeterie kann sich sehen lassen: Bleistifte von Zedernholz, Tusche in Täfelchen, unsichtbare Tinte, Lineale aus Rosenholz, silberne Zirkel, blumenumrandetes Notenpapier und „glänzende Stahlscheren, Bilderchen damit auszuschneiden".

Schon 1805 hatte Uhland es gewußt: „Es sieht in der Welt draußen ganz anders aus, als man es sich in den düstern Mauern des theologischen Stifts zu Tübingen einbilden mag." Dieses Pariser Leben und Vergnügen kostet Geld, und Uhland fragt mehrfach beim Vater an, wieviel er denn noch verbrauchen dürfe. Da muß er sich zurückhalten beim Betreten so verlockender Geschäfte, in denen „der reiche Müßiggänger Ergötzungsweide findet und der Verkäufer sich ein Vermögen erwirbt." Daß die Tübinger den Pariser Kaufleuten wohl im Angebot, aber in ihren Geschäftsgepflogenheiten nicht nachstehen, hört Ludwig Uhland später von seinem Vater. Der bestellt für seine kranke Rosine Elisabeth einen Burgunder bei seinem Sohn in Stuttgart, denn, so Vater Uhland, „die Tübinger Käskrämer und Wirte verkaufen schlechten Roussillon für Burgunder."

Zurück aus Paris, gesteht Uhland seinem Freund Mayer: „Seit 8 Tagen bin ich wieder hier und fühle mich entsetzlich einsam." Ludwig Uhlands Beziehung zu Tübingen ändert sich erst mit der Stabilisierung seines Lebens. Mit Ehefrau Emilie wird er im Jahre 1836 „ein kleines Eigenthum an Haus und Garten an der Neckarbrücke, mit freundlicher Aussicht in das Thal, beziehen." Nur mit wenigen Unterbrechungen spielt sich dort sein weiteres Leben ab, bis er 1862 stirbt und auf dem Tübinger Friedhof beerdigt wird.

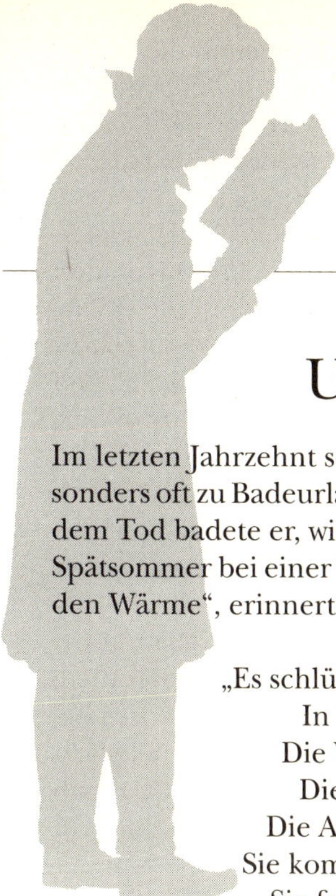

Uhland-Bad

Im letzten Jahrzehnt seines Lebens hielt sich Ludwig Uhland besonders oft zu Badeurlauben am Bodensee auf. „Noch ein Jahr vor dem Tod badete er, wie seit lange seine Gewohnheit gewesen, im Spätsommer bei einer Temperatur von oft nicht mehr als elft Graden Wärme“, erinnerte sich ein Zeitgenosse.

„Es schlüpft der goldne Sonnenschein
In Tropfen an mir nieder,
Die Woge wieget aus und ein
Die hingegebnen Glieder;
Die Arme hab ich ausgespannt:
Sie kommt auf mich herzugerannt,
Sie faßt und läßt mich nieder“,

dichtete Eduard Mörike und vermittelt ein Gefühl des Behagens, das er und Ludwig Uhland immer wieder in den Wassern des Schwäbischen Meeres suchten.
Zu Hause, in Tübingen, nahm Uhland, dessen „Glatze man unter den Badenden im Neckar oft ausgemacht hatte“, des öfteren Flußbäder, die allerdings nicht nur der Freude, sondern auch der Hygiene dienten. Die Zeit der häuslichen Badezimmer liegt in der Mitte des 19. Jahrhunderts noch fern. Und wem die Schüssel mit der Wasserkanne nicht reicht, der springt zu einem pflegenden Vollbad in den Neckar. Zwar konnten Tübingerinnen und Tübinger sich 1870 in Badeanstalten schon Wannenbäder mieten, aber noch im Jahre 1906 galten die Verhältnisse selbst im Vergleich zu Rottweil als „jämmerlich“. Nur 100 Bäder pro Woche wa-

ren in den zwei öffentlichen Anstalten möglich. Wenn nun aber alle 1600 Tübinger Studenten ein Bad zu nehmen wünschten, „so hätte der einzelne 16 Wochen jeweils damit zu warten." Dieser Tübinger Hygienenotstand rüttelte einige Stadtväter gewaltig auf, und sie sahen ein, daß etwas getan werden mußte. Tübingen brauchte eine Hallenbadeanstalt.

Am 50. Todestag des berühmtesten Schwimmers der Stadt, Ludwig Uhland, beschloß der Gemeinderat den Bau einer städtischen Badeanstalt, die seinen Namen tragen sollte. Im Sommer 1914 wurde das „Uhland-Bad" eröffnet, und einen Tag später berichtete die „Tübinger Chronik": „Das Uhlandbad wurde gestern dem Betrieb übergeben. ... Namentlich das Schwimmbad wurde kolossal besucht, der beste Beweis für das dringende Bedürfnis nach ihm. Trotz des ungemein starken Andranges reichte es räumlich aus; es gab keine Carambolage zwischen den zahlreichen Köpfen jedes Alters und jeder Schwimmer hatte genügend Ellenbogenraum ... Auch die Wannenbäder wurden stark benützt."

Uhland-Denkmal

„Das ganze Volk möchte ihn jetzt sehen, Den Kämpfer stets für das gute Recht", kommentierte 1873 Christian Späth, stadtbekannter „Goge, Ochsenmetzger und Poet", ganz pragmatisch die Enthüllung des Uhland-Denkmals in Tübingen. Im Gegensatz zu den staatstragenden Ansprachen seiner Mitredner, sprach Späth, der Gelegenheitsdichter für so bedeutsame kommunale Angelegenheiten wie die Aufstellung der ersten Gaslaterne in Tübingen, auch diesmal dem Volk aus der Seele.

Elf Jahre waren vergangen, seit in der „Tübinger Chronik" der Aufruf zur Errichtung eines Denkmals für den großen Sohn der Stadt, Ludwig Uhland, gestanden hatte. Die örtlichen Honoratioren waren schnell: Nur neun Tage nach Uhlands Tod beschäftigten sie sich bereits damit, ein „ehernes Standbild vor den Augen der Mit- und Nachwelt" zu errichten – zum Ruhme des Dichters und auch ein bißchen derer, die ihn rühmen wollten. In diesem Tempo ging es allerdings nicht weiter. Erst mußten so viele Spenden gesammelt werden, daß 1867 zur Einreichung von

Vorschlägen und Modellen für das Denkmal aufgerufen werden konnnte. Es gelangten nicht wenige vor die prüfenden Augen der Jury, und Emilie Uhland meinte: „Ich bin nur froh, daß ich kein Urteil abgeben muß.“ Im Gegensatz zu dem von ihr favorisierten Entwurf, eine Büste, fiel die Entscheidung schließlich auf ein Denkmal, das Ludwig Uhland in ganzer Gestalt zeigt. „Ob ich die Ausstellung erleben werde ist sehr die Frage“, schreibt Emilie ihrem Neffen. Sie erlebte es. Im Juli 1873 wird das Uhland-Denkmal während eines ganztägigen Festaktes feierlich enthüllt – von den ältesten Kindern des Sohnes von Ludwigs Schwester Louise.
Viel ist geschehen seit Uhlands Tod im Jahre 1862: Deutschland bildet zum ersten Mal ein geeintes Reich, aber „jene Ideen, die wir heute mit Uhland wieder verbinden, Grundrechte, Verfassungsmäßigkeit, Demokratie, waren auf dem Altar der deutschen Einheit unter preußischer Hegemonie geopfert worden.“ König Karl von Württemberg konnte den Demokraten Uhland nicht leiden und verbat sich die Nennung dieses Namens in seiner Gegenwart. Daß er der Enthüllung des Uhland-Denkmals nicht beizuwohnen gedachte und deshalb als Ausrede schnell nach Wien reiste, sagt mehr über die Wirkung Ludwig Uhlands aus als manche Lobpreisung. Glockengeläut, Kanonendonner, 90 Ehrenjungfrauen, die Honoratioren von Stadt und Land, die Tübinger Bevölkerung, Musik, Ansprachen und würdevolles Umkreisen des Denkmals, das Festbankett und ein Kommers der schlagenden Verbindungen Corps Frankonia, Rhenania, Suevia, der Landsmannschaft Ghibellinia und der Burschenschaft Germania, die Ludwig Uhland kurz vor seinem Tod das Ehrenband verliehen hatte.
„Die Enthüllung des Standbildes von Ludwig Uhand in Tübingen am 14. Juli 1873 nebst den bei derselben gesprochen Reden und Gedichten“ erschien als ausführliche Dokumentation dieses stadthistorischen Tages noch im gleichen Jahr.

Uhlandshöhe

„Von der Stuttgarter Uhlandshöhe haben wir eine tollen Blick“, sagten sich die Sterngucker und stellten dort ihre Himmelsfernrohre auf. Den gleichen Gedanken hatten einige Zeit vorher ein paar Stuttgarter Honoratioren. Nach einer Sternwarte allerdings stand ihnen nicht der Sinn; sie waren angetreten zur Ehrung einer toten Geistesgröße. Und für solch ein Unterfangen benötigte man im 19. Jahrhundert landauf, landab zwei Dinge: eine Linde und eine gute Aussicht.

Der Stuttgarter Verschönerungsverein spähte vom Talkessel prüfend hinauf zu den Hängen und Höhen seiner Stadt und konnte schon bald das Ergebnis der Suche verkünden. Der Ameisenberg wurde auserkoren, als „Uhlandshöhe“ fortan das Andenken des toten Dichters zu ehren. Ludwig Uhland war im November 1862 gestorben, und schon wenige Tage vor Weihnachten des gleichen Jahres wurde die „Uhlandlinde“ feierlich-würdevoll gepflanzt. Und unter der singenden Mitwirkung des Stuttgarter Liederkranzes erhielten die zu Ehren Uhlands gekauften Grundstücke auf dem Ameisenberg, deren Mittelpunkt nun die Dichterlinde bildete, am 1. Mai 1863 den Namen „Uhlandshöhe“.

Damit nicht genug: Die seit dem Jahre 1865 im einstigen Garten der Liederhalle stehende „Uhlandbüste“ konnte 1955 auf der Uhlandshöhe aufgestellt werden. Nochmal dreißig Jahre später war es an der Zeit, die Grünanlage mit Aussichtsplattform umzugestalten. Und so entstand die Uhlandkanzel auf der Uhlandshöhe, die mit Uhlandlinde und Uhlandbüste dem Uhland gedenkt. Ehre, wem Ehre gebührt!

Ludwig-Uhland-Institut

Ihr Thema ist die Kultur unseres Alltags. Gut möglich, daß sie eines Tages an Ihre Tür klopfen, um nach der speziellen Vorgehensweise beim Hausputz, der Größe des Karomusters auf der Krawatte des Hausherrn oder der Anzahl von Bibeln im Bücherregal zu fragen. Die Studierenden und Professoren des Ludwig-Uhland-Instituts (LUI) in Tübingen interessieren sich für

Modetrends, Aberglaube, Witze, Techno, Einkaufsgewohnheiten, die Lokalpresse, religiöse Kulte und „Schwabenbilder". In mehrsemestrigen Projekten wird lernend geforscht, um dann das Ergebnis zum Thema „Adventskranz" der Öffentlichkeit zu präsentieren. Die historische und gegenwärtige geographische Verteilung, seine Geschichte und die unterschiedlichen Möglichkeiten von Dekoration und Form werden zum Abschluß des Forschungsprojekts in Ausstellungen gezeigt, durch Vorträge verdeutlicht und in Büchern umfassend dargestellt.
Und wenn das Ludwig-Uhland-Institut mit Sitz im Schloß Hohentübingen heute auch „Empirische Kulturwissenschaften" betreibt, so bleibt das für viele doch immer noch Volkskunde. Zu den Wegbereitern und damit unwissentlichen Gründern dieses Forschungsgebiets gehörte im 19. Jahrhundert Ludwig Uhland durch seine Volksliedersammlung. Daran erinnerte sich nach dem Zweiten Weltkrieg auch der Rektor der Tübinger Universität, Hermann Schneider. Das Institut konnte zwar in den 1937 bezogenen Räumen bleiben, der Name „Volkskunde-Institut" aber mußte wegen politischer Belastung geändert werden. Zusammen mit Professor Carlo Schmid, der sich führend am Aufbau des Landes Württemberg-Hohenzollern beteiligte und zu den bekannten Uhland-Übersetzern ins Französische gehörte, sicherte Rektor Schneider das Bestehen des Instituts und sorgte für den Namen „Ludwig-Uhland-Institut".

Uhland-Stiftung

In einem Aktenbüschel des Universitätsarchivs Tübingen finden sich zwei kleine vergilbte, nun schon fast 125 Jahre alte, Blätter. Auf ihnen notierte Emilie Uhland im Sommer 1874 die Statuten der „Uhland-Stiftung". Die Honorare ihres Buches „Ludwig Uhlands Leben" stiftete die Witwe der Universität Tübingen, denn sie wünschte, „die Erforschung deutschen Althertums im Sinn und Geist meines verstorbenen Gatten durch Unterstützung solcher, welche sich ähnlichen Studien widmen, zu fördern." Die Zinsen des Stiftungskapitals sollten ab sofort als Stipendium verliehen werden. Auch die Mindesthöhe legte sie fest: „Die einzel-

ne Portion des ordentlichen Stipendiums soll nicht weniger als 50 Mark betragen."
1875 liest der Student Nägele am Schwarzen Brett der Universität vom Uhland-Stipendium und bewirbt sich. „Durch Zeugnisse, durch schriftliche Arbeiten, durch mündliche Prüfung oder auf andere den Umständen angemessene Weise" hatte dies zu geschehen, und Nägele erweist sich als würdig. Das Stipendium wird ihm verliehen. Als Rektor der Höheren Mädchenschule Tübingen, Vorstand des Schwäbischen Albvereins und Landtagsabgeordneter sollte Eugen Nägele später weit über Württemberg hinaus bekannt werden.
Bis zur Inflation in den 1920er Jahren, die nur geringe Restbeträge der Uhland-Stiftung übrig ließ, bewerben sich noch viele Studenten: „Der ergebenst Unterfertigte erlaubt sich hiermit, sich um das Uhlandstipendium zur Förderung von Studien auf dem Gebiete der deutschen Altertumskunde zu bewerben." Fast hundert Jahre nach ihrer Einrichtung, 1962, ist Emilie Uhlands Stiftung zum Andenken an ihren Mann endgültig in der „Tübinger Studienstiftung" aufgegangen.

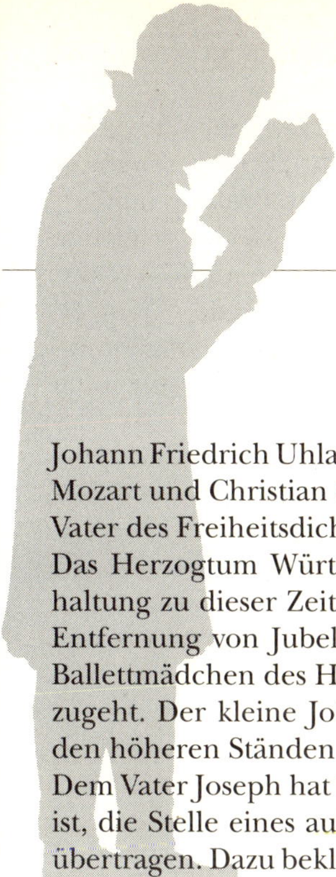

V

Vater

Johann Friedrich Uhland wird 1756 geboren; im gleichen Jahr wie Mozart und Christian Gottfried Körner – der Schillerfreund und Vater des Freiheitsdichters Theodor Körner.
Das Herzogtum Württemberg regiert Carl Eugen, dessen Hofhaltung zu dieser Zeit die glänzendste in Europa ist. In sicherer Entfernung von Jubel, Trubel, Heiterkeit – und den hübschen Ballettmädchen des Herzogs – liegt Tübingen, wo es viel ruhiger zugeht. Der kleine Johann Friedrich wird in ein gelehrtes und den höheren Ständen angehörendes Elternhaus hineingeboren. Dem Vater Joseph hat Herzog Carl Eugen, der ihm sehr gewogen ist, die Stelle eines außerordentlichen Professors der Theologie übertragen. Dazu bekleidet er das Amt des Stiftsleiters. Bei seinen bedeutendsten Studenten, Hegel und Schelling, wird er kaum Erwähnung finden, denn, obwohl von großer Gelehrsamkeit, erleben seine Schüler ihn als trocken, weitschweifig, pedantisch und unbeholfen in der Lehre.
Zwölf Kinder, von denen neun überleben, bringt die Frau des Professors zur Welt. In dem umtriebigen Familienleben ist Gottliebin Uhland, geborene Stäudlin, eindeutig Mittelpunkt. Als lebensfroh, lebendig und praktisch veranlagt kennen sie alle. Ihrem ansonsten etwas kargen Mann hat das sehr gefallen. In manchem Gedichtlein lobte er die „Tugend seiner Stäudlinin“.
Für die Kinderschar des Hauses Uhland bedeutet die Stellung des Vaters, daß sie sich ordentlicher als andere Kinder benehmen, fleißiger lernen und die Honoratioren des Universitätsstädtchens freundlich grüßen müssen. Johann Friedrich ist das fünfte Kind seiner Eltern und nach dem Tod des Bruders der älteste Sohn. In

Nachfolge seines Schwiegervaters Hoser übernimmt er 1783 die Stelle des Universitätssekretärs – eine ungleich bedeutendere Aufgabe, als die bedeutungsgewandelte Berufsbezeichnung uns heute noch mitteit. Der „Herr Universitätssecretarius Uhland" hat nicht nur das Unterrichtswesen, sondern auch die Studenten zu betreuen – und zu überwachen. Und diese Aufgabe nimmt er sehr ernst. Charakterfest, klug und aufrichtig wie er ist, gelingt es so nur den wenigsten der Herren Studenten, an der gewissenhaften Fürsorge des Universitätssekretärs vorbeizukommen. Er will, daß sie keinen Unsinn machen – und als solchen sieht Johann Friedrich auch das „Anschreiben" in den Wirtshäusern Tübingens an: Wer kein Geld mehr hat, soll eben nach einem Viertele heimgehen. Daß das für manchen frohgelaunten Studenten eine nur schwer zu bewältigende Aufgabe ist, dafür zeigen die Wirte größtes Verständnis. Sie hängen große, schwarze Tafeln in ihren Gaststuben auf, die dem Uhland bald ein Dorn im Auge sind. Wenn der Durst mal wieder größer ist als der Geldbeutel? Nicht schlimm, denn auf des Wirts schwarzer Tafel ist noch genügend Platz für die Mahnmale „philosophischer Geniesucht im geselligen Umgange".

„Die Türe flog krachend auf und herein brauste eine wilde Studentenschar", erinnert sich später Hermann Kurz. Er wußte, wovon er schrieb – und auch der Sekretär Johann Friedrich Uhland ahnt, daß sich abends nicht alle seine Studenten in ihre Bücher, sondern ganz woanders verkriechen. Ging er also rein zufällig (!) an einem der Tübinger Wirtshäuser vorbei, so galt sein spähend-kontrollierender Blick den Tafeln der angeschriebenen Zecher. Und wehe, es befand sich unter den Namen einer seiner Studenten!

Ja, Ludwig hatte einen strengen und konsequenten Vater. Der ließ seinem Sohn denn auch auf dessen erster größerer Reise – über die Mutter – mahnend ausrichten: „Dein Vater hofft, Du werdest Dich sowohl bei der Reise, als auch wo Du Dich aufhältst, vernünftig aufführen, damit der erste Ausflug nicht der letzte sein müsse." Vielleicht hätte der munter-frische Sohn Friedrich solche Ermahnungen nötig gehabt, aber doch nicht sein Bruder Ludwig! Der gab seinen Eltern nur wenig Anlaß zur Klage. Der Vater in Tübingen allerdings beschwerte sich (wieder über die fleißig schreibende Ehefrau): „Der Vater sagt, Du habest nicht die Gewohnheit, seine Briefe eigentlich Punct vor Punct zu beantworten, oder überhaupt oft spät, wann er wegen etwas Deine Ansichten wissen möchte.“ Zu diesem Zeitpunkt zählt Ludwig schon 26 Jahre, ist promoviert und weltstadterfahren. Sein Vater geht auf die Sechzig zu und sorgt sich um die Zukunft seines Ältesten, der immer noch kein eigenes Geld verdient. Der Sohn weiß das und schreibt seinen Eltern im Jahre 1816: „Möge Gott Sie, liebe Eltern, noch lange erhalten, damit es mir besser als bisher gelingen möge, Ihnen Freude zu machen.“

Vergissmeinnicht und Veilchen

Im Jahre 1814 erwähnt Ludwig Uhland in seinem Tagebuch das erste Mal Emilie Vischer. Auf einem Spaziergang nach Cannstatt fällt sie ihm auf. Obwohl Dezember, ist das Wetter frühlingshaft, und das bringt Ludwigs Seele zum Schwingen. Aber erst drei Jahre

Emilie Uhland, geborene Vischer.

später kommt Bewegung in diese zarte Herzensangelegenheit. Sein Freund Karl Roser, verheiratet mit Emilies Schwester Luise, scheint Uhland mit einigen nicht näher bekannten Ratschlägen etwas vorangeschubst zu haben. Achim von Arnim kannte, wie die Menschen in dessen nächster Umgebung, die Schwierigkeiten Uhlands, der „zu den unglücklichen Seelen gehörte, die nur mit Schwierigkeit ihren Geist durch den Mund aussprechen können“. Es ist wieder Frühling und dazu noch Emilies Geburtstag. Jetzt oder nie! Ludwig will sich endlich ein Herz fassen. Sein Tagebucheintrag vom 15. Mai 1817 klingt vielversprechend: „Schöner Morgen, Blüthe, Idee zu einem Gedicht". Ob Uhland wirklich viel gesprochen hat, vor allem das sagen konnte, was ihn bewegte? Mit einem Strauß Vergißmeinnicht für Emilie sagt er: „Vergiß mein nicht". Das tat sie auch nicht, denn Ludwig kommt oft zu Karl Roser und Frau, wo sich auch Emilie in zunehmender Häufigkeit aufhält. Spaziergänge, gemeinsame Essen und ein von Uhland gewidmetes Exemplar des „Herzog Ernst" für Emilie. Von ihr, die ja noch gar nicht die Seine ist, hätte Ludwig sehr gerne ein Bild. Sie auch gerne von ihm, er aber versteht die zarten Andeutungen nicht ... Dann schenkt er ihr wieder Blumen und selbst ein vielsagender, bedeutungsschwerer Händedruck der Liebenden trägt nicht zur Beschleunigung der Entwicklung bei. So dauert es nach den Veilchen noch ein ganzes Weilchen, bis Emilie und Ludwig ein Paar sind.

Vollschiff „Uhland"

Auf der Fahrt nach Düsseldorf hatten die Rheindampfer ihn beim Betreten des Verdecks empfangen, wie es nur einem Landesherren und später dem deutschen Kaiser zukam: mit Salutschüssen. Im Kieler Hafen hißten schon 1842 ihm zu Ehren alle Schiffe ihre Flaggen, als der Schwabe Uhland sich mit seiner Frau dort zu einem Besuch aufhielt. Fünf Jahre später, 1847, erhält er ein Schreiben des Bremer Reeders Hermann Henrich Meier. Der spätere Gründer des Norddeutschen Lloyd und der schwäbische Dichter und Politiker, sie kennen sich. Meiers Mutter, Lucie, ist eine Freundin von Sophie Schwab und hat mit ihren Kindern einige Zeit in Württemberg gelebt, weil „die Stuttgarter Schulen für besser als die Bremischen gelten konnten". In dieser Zeit traf Hermann Henrich Meier gelegentlich die Uhlands auf den Hausgesellschaften im Hause Schwab.

Seitdem waren zwanzig Jahre vergangen, und nun bittet Meier Uhland, „es gütigst genehmigen zu wollen, daß wir einem neuen Schiffe, welches wir augenblicklich erbauen lassen, Ihren gefeierten Namen geben", denn er möchte „gerne einen Beweis geben, wie sehr wir den deutschen Dichter und freien deutschen Mann ehren und hochschätzen". Das zu dieser Zeit größte Schiff unter deutscher Flagge sollte in der Paketfahrt, also im Liniendienst, zwischen Bremen und New Orleans eingesetzt werden. „Sie haben mir eine gänzlich überraschende Ehre zugedacht", antwortet Uhland dem Reeder Meier, durchaus angetan von dessen Vorschlag. Uhland, der sonst um die ihm zugedachten Ehrungen lieber einen Bogen machte, ist „von Herzen dankbar" und auch ein wenig gerührt, daß ihm, dessen Leben „nicht auf dem großen Weltmeere gieng", aber „sich wohl mitunter etwas stürmisch angelassen" hat, das größte bisher gebaute deutsche Schiff gewidmet werden soll. Meier lädt ihn auch zum Stapellauf des Vollschiffes „Uhland" herzlich ein, denn „es würde uns lieb sein, wenn Sie sich persönlich überzeugen könnten, ob das Schiff als solches würdig sei, Ihren Namen zu tragen".

Am 23. September 1847 fand der Stapellauf, einen Monat später die Jungfernreise der „Uhland" statt. Der Namensgeber war jedoch nicht anwesend, hatte aber der Hoffnung Ausdruck gegeben, daß sein Name „dem stattlichen Fahrzeuge zur guten Vorbedeutung gereichen möge." Dreißig Jahre später sollte die „Uhland" verkauft werden. Der einstige Stolz der Reederei Meier lag im Kaiserhafen zu Bremerhaven zur Besichtigung. Das Schiff mit dem Namen eines schwäbischen Dichters und 1848-Parlamentariers ging nach Finnland, das 1879 noch zum russischen Reich gehörte. 1889 mußte die „Suomi" auf See aufgegeben werden. Einzelheiten sind nicht bekannt.

Vormärz

Einige meinen, er beginnt schon im Jahre 1815, als auf dem Wiener Kongreß unter der Führung Metternichs das europäische Chaos, das Napoleon hinterlassen hat, geordnet wird. Schöpferisch in die Zukunft zu blicken und neue Wege zu beschreiten, das lag nicht im Interesse derer, die in Wien zusammengekommen waren, um sich und Europa zu sortieren. Das Rad der Geschichte drehten sie einfach zurück und stellten vornapoleonische Zustände wieder her. Zwar herrschte äußerlich jetzt endlich

wieder Frieden, aber die Menschen waren nicht mehr die gleichen. Monarchien von Gottes Gnaden, uneingeschränkte Macht und Obrigkeitsdespotismus zur Wahrung der eigenen Privilegien wurden nun von jenen in Frage gestellt, die in den Freiheitskriegen nicht nur gegen Napoleon, sondern auch für eine bessere, demokratische und nationale Zukunft gekämpft hatten. Sie mußten sich noch Jahrzehnte gedulden. Dem aufflammenden Widerstand, den kritischen Schriften heller Köpfe und lauten Forderungen der Studenten begegneten die Machthaber mit Beschränkungen der Bürgerrechte (Karlsbader Beschlüsse 1819) und einem ausgeklügelten Bewachungssystem.
Die Franzosen sind die ersten, die sich massiv gegen diese Unterdrückung wehren. Als 1830 der französische König die Pressefreiheit aufheben und das Wahlrecht ändern läßt, weil die Gegner der Regierung die Wahl gewonnen haben, kommt es zum offenen Aufstand, zur Julirevolution. Für manche beginnt damit der Vormärz. Wie dem auch sei: Europa brodelt, und Metternich, der „Kutscher Europas", sieht verwundert Richtung Frankreich, nicht glauben könnend, daß sein so hübsch ausgedachtes System der Endlosunterdrückung des Volkes schon bedrohliche Risse zeigt. Eine Infektion kann lange in einem Körper zu Unbehagen führen, bis sie zum Ausbruch kommt. Man nennt das „Inkubationszeit". Der Vormärz ist die Inkubationszeit für die 1848 ausbrechende revolutionäre Bewegung in Frankreich, dann in Deutschland, Österreich, Ungarn und Italien. In den Städten Europas, besonders aber in Wien und Berlin, macht sich im März 1848 jahrzehntelang aufgestauter Ärger und die Enttäuschung des Volkes über die politische Unterdrückung und die schlimmen sozialen Verhältnisse endlich Luft. Metternich wird in wenigen Tagen aus dem Amt gejagt, die regierenden Monarchen können nur mit demokratischen Zugeständnissen einigermaßen die überall aufflammende Revolution im Zaum halten. Die Signale des Vormärz nicht beachtend, haben die Märzereignisse 1848 den Herrschern deutlich gemacht, daß es ein Volk gibt und dieses sich herausbildende Bürgertum endlich Pressefreiheit, ein Vereinsrecht, ein gewähltes Parlament und eine demokratische Verfassung will.
Zu den Männern, denen das Volk zutraut, seine Interessen ehrlich und parlamentarisch zu vertreten, gehört Ludwig Uhland.

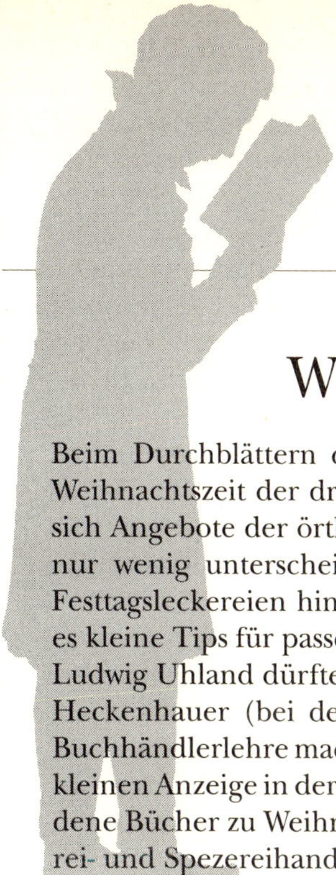

Weihnachten

Beim Durchblättern des „Intelligenzblattes“ für Tübingen zur Weihnachtszeit der dreißiger Jahre des 19. Jahrhunderts finden sich Angebote der örtlichen Händler, die sich von den heutigen nur wenig unterscheiden. Hausfrauen werden auf besondere Festtagsleckereien hingewiesen und für ratlose Ehemänner gibt es kleine Tips für passende Damengeschenke.

Ludwig Uhland dürfte sich eher für die Angebote des Antiquars Heckenhauer (bei dem Hermann Hesse 60 Jahre später eine Buchhändlerlehre machen wird) interessiert haben, der mit einer kleinen Anzeige in der Tageszeitung auf „vorzüglich schön gebundene Bücher zu Weihnachtsgeschenken“ hinweist. Die „Conditorei- und Spezereihandlung Louise Beck“ empfiehlt ihre „vorzüglichen Basler- und ordinaire Lebkuchen“ und rechtzeitig zum Fest sind „Pomeranzenschalen und Chocolade von allen Sorten frisch angekommen.“ Daß aus Paris auch „ganz feine und elegante Necessaires, Körbchen, Schachteln mit Glasmalerey und Ohrgehänge für Damen“ eingetroffen sind, mag Emilie Uhland im Jahr 1831 nur am Rande interessiert haben. Sie wird mit allerlei Vorbereitungen beschäftigt sein, denn Schwabs kommen über Weihnachten zu Besuch und bringen natürlich ihre fünf Kinder mit. Ludwig hat die Freunde aus Stuttgart ausdrücklich eingeladen. Sie wollen endlich einmal wieder in Ruhe über so vieles sprechen. Mit den Kindern kommt Leben in das kinderlose, aber kinderliebe Haus. Auch ist es für Ludwig Uhland das erste Weihnachten ohne seine Eltern. Im Sommer 1831 sind seine Mutter und sein Vater kurz hintereinander gestorben.

Mit 13 Jahren hatte er eines seiner ersten Gedichte verfaßt:

Der Mutter zum Neujahr

Wie groß ist Ihre Muttergüte,
Die Sie mit jedem Jahr erneun!
Schon fühlt sie besser mein Gemüte
Und weiß sich ihrer ganz zu freun.
Doch besser kenn ich auch die Pflichten,
Die mir die Dankbarkeit gebeut;
Dem Eifer, diese zu verrichten,
Sei meine Kindheit schon geweiht.

In einem Brief hat er versprochen, sich „durch Fleiß, Frömmigkeit und gute Sitten" dankbar zu erweisen. Nicht jedes Christfest verbringt Ludwig in den folgenden Jahren zu Hause in Tübingen. Wenn die Mutter auch wegen der extra für ihn bestellten „Ipersillwurst" mahnt: „Unartig ists, wann Du nicht auch kommst", so bleibt er 1813 doch in Stuttgart und verbringt den 25. Dezember bei Verwandten in Feuerbach. Mutter Uhland schickt Lebkuchen, die ihm viele Erinnerungen mitbringen, „sogar aus meinen frühesten Jahren." Manchmal ergibt sich noch unverhofft eine Gelegenheit zum Mitreisen in der Kutsche, und so kann er am 24. 12. 1814 in sein Tagebuch schreiben: „Abends zu Hause". Daß es etwas besonders Gutes zum Essen gibt, ist klar. Mutter Uhland schwingt nicht nur begeistert den Kochlöffel, sie will ihren Ältesten auch wohlversorgt wissen, und so schickt sie manches Mal als Ersatz für entgangene Gaumenfreuden ihm noch „etwas von der letzten Gans".

Die Tübinger Weihnachtstage in der Familie sind behaglich, und nicht selten kommen Freunde des Sohnes in das Haus in der Hafengasse. Karl Mayer, der ihn zu sich eingeladen hatte, mußte Uhland absagen, denn „da ich so lange nicht mehr in Tübingen war, so mußte die fromme Weihnachtszeit doch dem elterlichen Hause gewidmet seyn." Dafür kommt 1815 Gustav Schwab zu Besuch, dessen Eltern in Stuttgart wohnen. Ludwig wird sich dabei vielleicht erinnert haben an „wehmütige Empfindungen", die ihn ergriffen hatten, als er 1812 zwei Tage vor Weihnachten allein nach Stuttgart zog, um seine Stelle als Sekretär im Justizministerium anzutreten. Eine ungeliebte Arbeit, die Familie in Tübingen – wie ganz anders war es Weihnachten 1810 in Paris zugegangen: „Die Christmesse ist hier eine Art Carneval. Es wird um Mitternacht Messe gelesen u. die Kirchen, die sonst so leer sind, werden dann so überfüllt, daß die Wachen die Leute abtreiben müssen. Die Straßen sind voll von Menschen u. in den Cafés u. dgl. trifft man morgens 2–3 Uhr eine Menge Menschen“, schrieb er damals seinen Eltern.

Jetzt, 1831, hat er schon viele Weihnachtsfeste mit seiner Frau Emilie verbracht, ist ihr noch immer innig zugetan und erinnert sich ganz genau an ihr erstes Weihnachtsgeschenk für ihn, eine „schöne selbstverfertigte Brieftasche“. Dieses Jahr hat Emilie zu Weihnachten vielleicht für die Kinder der Schwabs ein Geschenk besorgt. Im „Intelligenzblatt“ wurde die „Schicksalsurne“ angeboten, „ein belehrendes und unterhaltendes Gesellschaftsspiel für die Jugend“.

Weinreise

Ludwig Uhland trank gerne Wein und sorgte als Kenner von Preis und Qualität selbst für den jährlichen Nachschub. Bei seinem Freund Kerner in Weinsberg verbrachte er jeden Herbst einige Tage, um über alte Zeiten und neue Gedichte zu plaudern – die ideale Gelegenheit, den Wengertern der Umgebung einen Besuch abzustatten. Bekannt waren sie allen schon lange, der Herr Doktor Kerner und sein Freund aus Tübingen. Schließlich ließ Kerner jedes Jahr seine Braunen anspannen, und dann ging's los Richtung Verrenberg und Lindelberg. Kerner wohnte strategisch günstig. Vor der Haustür lag das Unterland mit seinen kleinen Dörfern und Weinlagen, die uns heute noch als Markenname so manch guten Tropfens bekannt sind. War der Jahrgang gut, dann wurden etliche Kisten vom weißen Landwein aufgeladen und Richtung Weinsberg kutschiert. Daß da vorher so einige Probeschlückle getätigt werden mußten, versteht sich von selbst. Uhland gefiel das sehr, konnte er sich doch nicht daran erinnern, „jemals im Leben Wasser getrunken zu haben.“

Im Oktober 1839 mußte die Uhlandsche Weinreise ausfallen, andererseits gingen die Vorräte im Keller der Tübinger Gartenstraße zu Ende. Und so bittet Uhland seinen Freund, ihm „drei Aimer (9 Hektoliter) heurigen Weinsberger Weinmoost“ zu besorgen. „Da der Jahrgang nicht ausgezeichnet ist, so wünsche ich um so mehr einen Wein aus guter Lage“, setzt er hinzu und hofft auf „eine sichere Fuhre“ seines Einkaufs nach Tübingen. Die „Erschöpfung meines Kellers an frischem Trunke“ ließ das abendliche Wassertrinken in bedrohliche Nähe rücken, und so war Uhland überaus froh, schon eine Woche später die Weinlieferung in Empfang nehmen zu können.
In einem Begleitbrief kündigt Justinus Kerner als Arzt und Rebenfreund die „trefflichen Wirkungen“ des Weins an, auf die Uhland aber noch bis zum Frühjahr warten muß, denn „einstweilen säuselt er im Keller, sanft und leise“.

Werkzeug

„Die Feder ermattet mich schon wieder“, klagt Uhland im Jahre 1814 in einem Brief an Kerner. Kein Wunder, das Handwerk des Schreibens ist zu dieser Zeit noch „ä richtigs Gschäft“. Erst ab der Mitte des 19. Jahrhunderts sollten sich die maschinell hergestellten Stahlfedern in Deutschland durchsetzen. Uhlands Kollege Theodor Fontane beeindruckte das nur wenig, er blieb seiner Gänsefeder auch noch treu, als sie schon zu den Museumsstücken der Schreiberzunft zählte. Napoleons Tagesbefehle ebenso wie die Anordnung, nach St. Helena ins Exil zu gehen, Beethovens Sinfonien und Rahel Varnhagens Briefe aus Wien, Goethes Tagebuch, die Walzermelodien von Strauß und Uhlands Gedichte – bestimmt zehnmal am Tag mußte der Federkiel mit dem Federmesser wieder in Fasson gebracht werden. Ungeübte, die zu stark aufdrückten, benötigten gleich wieder eine neue Gänsefeder, und mancher Schreibmeister, der seinen Schülern das Handwerk des Schreibens beibringen sollte, brauchte viel Geduld.
Das Zuschneiden einer Feder kostete damals in Deutschland genauso viel wie die Feder selbst. Dazu kam die Tinte, die man sich in Apotheken, Buchhandlungen oder Druckereien kaufte. Bis zu

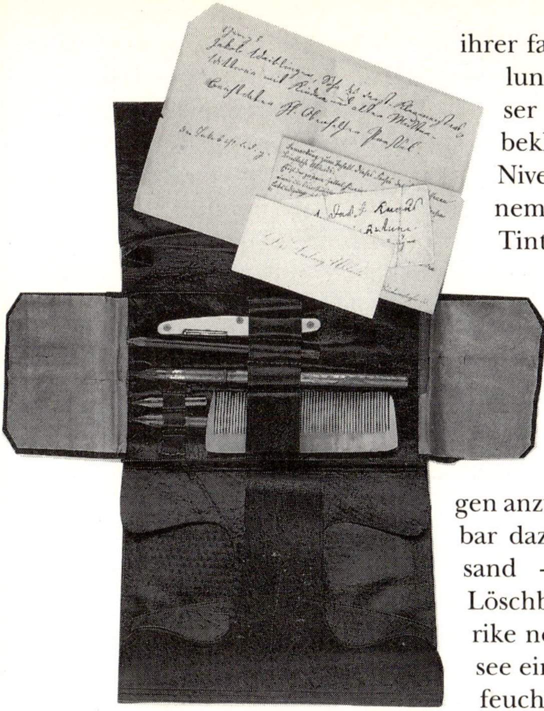

Uhlands Brieftasche mit Schreibutensilien, einer Visitenkarte und weiteren Schriftstücken.

ihrer fabrikmäßigen Herstellung war die Qualität dieser Schreibflüssigkeit von beklagenswert niedrigem Niveau. Aufbewahrt in einem oft hübsch verzierten Tintenfäßchen, gab es sie in verschiedenen Farben. Uhlands Kollege Eduard Mörike benutzte gerne die teure, rote „Dinte", um in seinen Gedichten Markierungen anzubringen. Unverzichtbar dazu gehörte der Streusand – die Vorform des Löschblattes. Während Mörike noch 1840 vom Bodensee eine „gute Portion halbfeuchten Rheinsand" mitnahm, „um sämmtliche Schreibzeuge in Wermutshausen und Cleversulzbach damit zu versehen", hatte Uhland schon auf seiner Parisreise zu Beginn des Jahrhunderts Streusand in sieben verschiedenen Farben kennenlernen können. Besonders beliebt war die himmelblaue, mit Gold verfeinerte Mischung.

Lagen diese Utensilien endlich fertig vorbereitet auf dem Tisch und hatte man sich davon überzeugt, daß die Tinte nicht inzwischen verdunstet, dickflüssig oder gar schimmelig geworden war, dann konnte es losgehen. Mit einem flotten und leichten Dahingleiten der Schreibzüge allerdings konnte nicht gerechnet werden. Unser heutiges Papier hat wenig Ähnlichkeit mit dem, das Ludwig Uhland 1814 benutzte, um Kerner zu schreiben. Das grobe Handpapier, das da vor ihm lag, verlangte gutes Schreibwerkzeug, ein gewisses Können und auch Durchhaltevermögen, um über kleine Papierbuckel hinwegzuschreiben und das unförmige Zerfließen der Tinte zu vermeiden. Nun geht das, wenn ab und zu ein Brief geschrieben werden muß, aber Uhland war Dichter! Sein Handwerkszeug kostete ihn nicht nur viel Geld – an manchen Tagen kann er durchaus mehrere Federn verschlissen haben –, sondern auch viel Geduld. Da war es schon von Vorteil, eine Adresse für gutes Papier zu kennen. So ließ er sich in späteren Jahren gerne von seinem Schwager aus einer Pfullinger Papierfabrik diverse Stapel der inzwischen feiner gewordenen Schreibbögen besorgen. Trotzdem wurde es ihm manchmal doch zuviel, wie er seiner Emilie schreibt: „Jetzt muß ich die verhaßte Feder ergreifen".

Wohnung

Ende 1812 zieht Ludwig Uhland nach Stuttgart. Zwei Tage vor Weihnachten tritt er seine Arbeit in der Kanzlei des Justizministeriums an – als unbesoldeter zweiter Sekretär. Die Tage davor sind geprägt von der Suche nach einer passenden Unterkunft. Beim Weinhändler Bauder in der Königstraße, wo später das Hotel Marquardt stehen sollte, kommt Ludwig Uhland vorerst unter. „Aufschlagen meines Bettes", notiert er am 17. 12. 1812 in seinem Tagebuch. Ruhe allerdings findet er darin nicht, denn es raucht nicht nur der Ofen ganz fürchterlich, nein, auch nachts ist „beständiger Wandel im Hause" zu beklagen. Bald ergibt sich Gott sei Dank eine andere Möglichkeit: „Besuch im Schwabschen Haus u. Besehen des Logis." Es gefällt ihm, und so zieht Ludwig Uhland Mitte Januar 1813 in das elterliche Haus seines Freundes Gustav Schwab. Der wird ab 1817 für 20 Jahre auch dort wohnen und die Hohe Straße Nr. 8 zusammen mit seiner Frau Sophie zu einem literarischen Treffpunkt der Residenzstadt machen. Sein Freund Ludwig wird dann bereits wieder umgezogen, weitergezogen sein. Von 1814 bis 1816 wohnt er beim Buchhändler Eisenbach, Ecke Kanzlei- und Calwerstraße, dann kurz beim Senator Hoffmann in der Hirschgasse.

Es sollte noch einige Zeit so weitergehen. Man staunt vielleicht über dieses häufige Umziehen und Quartiere wechseln. Uhland

tat nur das, was alle taten. Wer kein eigenes Haus hatte, nicht durch Gewerbe seßhaft war oder eine Amtswohnung beziehen durfte, der zog öfters um. Zu diesen Stadtvagabunden gehörte der Dichter Eduard Mörike (zehn Wohnungen in fast 25 Jahren) ebenso wie Hermann Hauff (fünf Wohnungen in 15 Jahren), Redakteur von Cottas „Morgenblatt". „In Stuttgart nemlich ist es immer ein rechtes Gescheuche wenn man ein Logis sucht, da stets eine Menge Leuter ziehen", erinnert sich Margarete Mörike an das noch Mitte des 19. Jahrhunderts übliche Wohnungstauschen. Auch Ludwig Uhland zieht aus dem Haus in der Hirschgasse wieder aus, und das mit vollständigerer Ausstattung als beim Einzug: „Senator Hoffmann war so gefällig, mir von seinen Meubles, was mir nöthig wäre, einstweilen mitzugeben." Mit diesen Zeilen Ludwig Uhlands an seine Eltern in Tübingen verbindet er die Bitte, „wenn ich namentlich auch den Spiegel bald erhalte, da ich keinen habe." Der Herr Universitätssekretär und seine Frau schicken dazu noch ein „Kommödchen nebst Inhalt" auf die Reise nach Stuttgart und tragen damit ganz entscheidend zur Behaglichkeit ihres Sohnes bei. Die neuen Vermieter gehören zur Großfamilie Uhland und steuern „vier ordentliche Sessel" bei, eine Bettlade überläßt man dem armen Jungadvokaten ebenfalls. Uhlandsche Möbelarmut gehört nun der Vergangenheit an, die Lage hat sich etwas geklärt, und vielleicht gönnt er sich in diesen Spätherbsttagen des Jahres 1816 etwas früher ein wärmendes Ofenfeuer als sonst. Am 5.12.1813 hatte er seinen Eltern nämlich geschrieben: „Morgen werde ich Holz kaufen, ich habe bisher nicht geheizt." Mieter Uhland hat jetzt alles, was er zum Wohnen braucht, aber ist es bei ihm auch nett und gemütlich? Nun, er ist ein Junggeselle, der mit sich sehr genügsam, ja spartanisch umgeht. Fraglich, ob Besucher bei ihm etwas von jener biedermeierlichen Wohnkultur vorfinden konnten, die zu dieser Zeit gepflegt wurde.
Nach nur kurzem Verweilen zieht Ludwig Uhland im Jahre 1817 zu Rosers in die Schloßstraße. Auf die Schwester von Karl Rosers Frau, auf Emilie Vischer, hat er bereits seit langem ein Auge geworfen. Zur weiteren Klärung dieser (Liebes-)Angelegenheit begibt er sich nun in die unmittelbare Nähe der Auserwählten. „Mein Umzug zu Rosers" notiert er am 20. November lapidar. Daß mehr dahintersteckte, das wissen wir.

Z

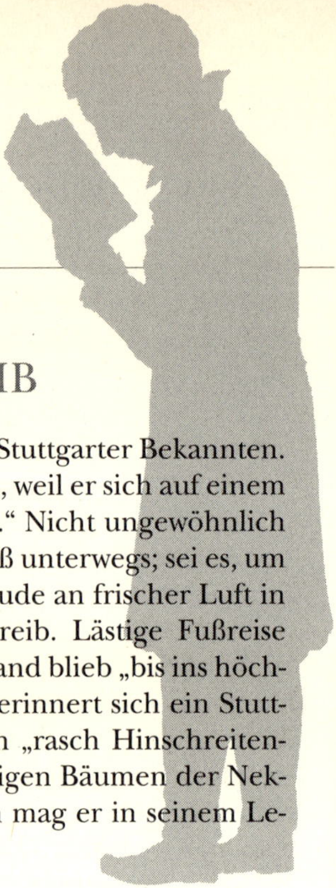

Zeitvertreib

Im Jahre 1811 trifft Ludwig Uhland einen Stuttgarter Bekannten. Der ist leicht demoliert und liegt „im Bette, weil er sich auf einem weiten Spaziergange wund gelaufen hatte." Nicht ungewöhnlich zu dieser Zeit, war man doch ständig zu Fuß unterwegs; sei es, um von Ort zu Ort zu gelangen, sei es aus Freude an frischer Luft in hübscher Umgebung oder zum Zeitvertreib. Lästige Fußreise oder vergnügliches Wandern, Ludwig Uhland blieb „bis ins höchste Alter ein sehr rüstiger Fußwanderer", erinnert sich ein Stuttgarter. In Tübingen kennt man auch den „rasch Hinschreitenden", der im Alter gerne unter den schattigen Bäumen der Nekkarpromenade lief. Wie viele Wegstunden mag er in seinem Leben zurückgelegt haben?

Einkehr

Bei einem Wirte, wundermild,
Da war ich jüngst zu Gaste;
Ein goldner Apfel war sein Schild
An einem langen Aste.

Es war der gute Apfelbaum,
Bei dem ich eingekehret;
Mit süßer Kost und frischem Schaum
Hat er mich wohl genähret.

Es kamen in sein grünes Haus
Viel leichtbeschwingte Gäste;
Sie sprangen frei und hielten Schmaus
Und sangen auf das Beste.

Ich fand ein Bett zu süßer Ruh
Auf weichen, grünen Matten;
Der Wirt, er deckte selbst mich zu
Mit seinem kühlen Schatten.

Nun fragt ich nach der Schuldigkeit,
Da schüttelt' er den Wipfel.
Gesegnet sei er allezeit
Von der Wurzel bis zum Gipfel!

Zum Ende des 18. Jahrhunderts beginnen die Menschen, die Landschaft um sich herum zu erwandern, per Fuß abzutasten. Sie sammeln Sinneserfahrungen und lebendige Eindrücke. Ludwigs Lehrer gehört zu den modernen Pädagogen seiner Zeit, er öffnet die Schultore und unternimmt mit seinen Schülern öfters Spaziergänge hinaus in die Natur. Auch Vater Uhland nimmt seinen Sohn mit in die Tübinger Umgebung, die „mit dem klaren Flusse, dem nahen Walde, der die Höhen um das freundlich ernste Neckarthal bekleidet" und „frühe in dem empfänglichen Gemüth des Knaben den Sinn für landschaftliche Schönheit" weckte. Bis nach Rottenburg wanderten Vater und Sohn schon in frühen Jahren. Mutter Uhland befürwortet die Bewegung an frischer Luft; sie ist eine moderne Frau. Es ist nicht ausgeschlossen, daß sie an manchen Wanderungen teilnahm. Warum sollte ihr schaden, was Ehemann und Sohn so gut tat? Gern machte sich Ludwig auch allein auf den Weg zum Österberg, wo zu seiner Jugendzeit noch eine ausgedehnte Heidelandschaft den Wanderer begrüßte. In seiner Biographie heißt es: „Oft sah er auch dort den ziehenden Wolken, dem herannahenden Gewitter, dem Leuchten der Blitze zu, und erst wenn der Regen herabzuprasseln anfieng, eilte er mit großen Sätzen dem Elternhause zu." Diese Eindrücke lassen Ludwig Uhland zur Feder greifen und so bekannte Gedichte wie „Droben stehet die Kapelle" entstehen.

Nach heutigem Maßstab ist in den Städten zu Beginn des 19. Jahrhunderts – ausgenommen Paris und Wien – nichts los. Aber die Menschen in den engen, dunklen Häusern fühlen sich erdrückt und bedrängt vom engen Miteinander. Sie sehnen sich nach Luft und Licht, und Jean Jacques Rousseau sagt: „Zurück zur Natur". Lustvolles Erleben von Wald und Wiesen, Berg und Bach vermischt sich mit dem zweckgebundenen Reisen, um an einen anderen Ort zu gelangen. Und so erlebt Ludwig Uhland zweierlei Genuß, wenn er 1810 von Feuerbach nach Schmiden im Remstal und am Tag darauf über Esslingen, Denkendorf, Köngen, Nürtingen, Neckartailfingen und Walddorf nach Tübingen zurückgeht. Heute sind Wanderer diejenigen Menschen, die den Straßen aus dem Wege gehen. Das mußte Uhland nicht, denn Straßen gehörten zu seiner Zeit zu den modernen und vor allem begeistert begrüßten Errungenschaften derer, die sich nun endlich bequemer auf ihnen fortbewegen konnten. Weit entfernt davon, ein Buddelplatz für Tiefbauunternehmer oder ein Aufbewahrungsort für Straßenschilder zu sein, boten sie eine zielgerichtete Fortbewegung zu Fuß oder eine holprige Unterlage für Kutschfahrten. Man störte einander nicht; Uhland mußte sich nicht mit einem Satz zur Seite retten vor herankommenden Kutschen. Im Gegenteil: Meistens hielten sie an und nahmen den zu Fuß Reisenden mit. Wenn nicht, auch gut. Ein Mann, der die Natur und das Laufen so liebt, hätte am liebsten eine Frau, die ihn flotten Schrittes begleitet. Heute ist das nichts Besonderes, im 19. Jahrhundert aber liegt die Sache völlig anders: Frauen wandern nicht. So erzählt die Legende, Tatsachen widersprechen dem. Die vielleicht berühmteste Wanderin ist Kaiserin Elisabeth von Österreich. Ihre zehnstündigen Märsche über Berge und durch Täler wurden zum Schrecken ihrer Hofdamen. Im Verlauf des Jahrhunderts entdecken immer mehr Frauen den Spaß am Klettern und Wandern. Zu den Pionierinnen gehört neben der ersten Frau, die 1808 den Mont Blanc bestieg, sicher Emilie Uhland. Ihre Hochzeitsreise mit Ludwig im Sommer 1820 ist nichts anderes als ein ausgedehnter Wanderurlaub. Schloßberge, Klöster, Ringmauern, Wachtürme, Brücken über Felsenschluchten und Turmstuben werden erklommen. Das ist nur eine kleine Vorbereitung, denn in der Schweiz geht es erst richtig los. „Spaziergang auf den Bergrücken", notiert Uhland am 11. Juli. Mancher Historiker behauptet, Frauen hätten sich, wenn sie ausnahmsweise an Bergwanderungen teilnehmen durften (!), in einer Sänfte hinauftragen lassen. Emilie nicht. „Aufbruch und Hinaufsteigen auf den Kulm. Als wir dort angekommen, Ausbruch von Gewitter", „Besteigen des Känzelis mit Emma" und „Morgens Abreise von Bern zu Fuß, wegen ungebührlicher Forderung des Trägers trug ich das Gepäck", schreibt Uhland über die ersten Tage seiner Hochzeitsreise mit Emilie. Die Schweiz gehört zu Beginn des 19. Jahrhunderts zu den neu entdeckten Reiseländern. Frauen wie Emilie Uhland aber sind von Anfang an dabei und für die Bauern der hochgelegenen Almen nichts Ungewöhnliches. So treffen Uhlands in den Bergen denn auch bekannte Ehepaare aus Esslingen und Stuttgart ebenso wie Historikerkollegen mit Frauen aus Frankfurt. Die Hochzeitsreise endet in Schaffhausen mit dem Besuch des Rheinfalls. Emilie und Ludwig aber haben damit nur die erste von vielen Reisen mit ausgedehnten Wanderungen hinter sich, denn „Tante Uhland ... blieb ohnedies nirgends zurück, wo ihr Gatte frischen Mutes etwas unternahm", erinnert sich Karl Neeff. Zu den schönsten Erinnerungen des Ehepaares mag der Aufstieg zum Rigi gehört haben, der ihnen unter dem abendlichen Regenbogen unvergeßliche Blicke in die Welt der Berge geboten hatte.

Literaturhinweise

Julius Hartmann (Hrsg.), Uhlands Briefwechsel, Band 1–4, Stuttgart/Berlin 1911–1916.

Karl Mayer, Ludwig Uhland, seine Freunde und Zeitgenossen, Stuttgart 1867.

Marbacher Magazin 42/1987: Ludwig Uhland (1787–1862). Dichter, Germanist, Politiker. Bearb. von Walter Scheffler und Albrecht Bergold, mit einer Bibliographie von Monika Waldmüller.

Carl Neeff, Zur Erinnerung an Ludwig Uhland und das Uhlandhaus in Tübingen, Stuttgart 1903.

Hermann Niethammer, Des jungen Uhland Umwelt und seine Jugendliebe, Ulm 1953.

Emilie Uhland, Ludwig Uhlands Leben, Stuttgart/Berlin 1874.

LITERATUR UND GESCHICHTE

erleben mit Karin de la Roi-Frey

Ein weiteres Buch von Karin de la Roi-Frey im DRW-Verlag:

Ein bunter Papierdrachen auf dem Dach des Turmes begrüßte schon von weitem die Gäste des Kernerhauses in Weinsberg. Die legendäre Gästeliste des Justinus Kerner (1786–1862) führt illustre Gäste auf, die den Arzt und Dichter in seinem europaweit bekannten Haus unterhalb der Burg Weibertreu besuchten. Darunter waren auch zahlreiche beachtenswerte Frauen wie Agnese Schebest, Karoline Schiller, Sophie Schwab, Emma von Suckow, Emilie Uhland und Ottilie Wildermuth.
In diesem Buch schildert die Autorin unterhaltsam und fundiert die Lebensgeschichten dieser Frauen und hat dabei auch Neues zur Literatur- und Geistesgeschichte des 19. Jahrhunderts zu Tage gebracht.

Berühmte Frauen zu Gast bei Justinus Kerner
Von Karin de la Roi-Frey. Illustriert. Fester farbiger Einband.
ISBN 3-87181-397-4
DRW-Verlag